对接世界技能大赛技术标准创新系列教材
技工院校一体化课程教学改革汽车维修专业教材

汽车底盘简单故障检修（一）教师用书

人力资源社会保障部教材办公室　组织编写

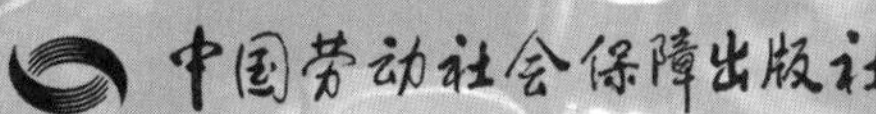

简介

本套教材为对接世赛标准深化一体化专业课程改革汽车维修专业教材，学习内容对接世赛汽车技术、车身修理、汽车喷漆项目，学习目标融入世赛要求，考核标准对接世赛技能标准，考核评价方法参照世赛评分方案，并设置了世赛知识栏目。

本书为《汽车底盘简单故障检修（一）》的配套教师用书，在《汽车底盘简单故障检修（一）》的基础上增加了引导问题的参考答案，并给出了学习任务设计方案和教学活动策划表，内容丰富、实用，有助于教师更好地开展一体化教学。

图书在版编目（CIP）数据

汽车底盘简单故障检修（一）教师用书 / 人力资源社会保障部教材办公室组织编写 . -- 北京：中国劳动社会保障出版社，2022

对接世界技能大赛技术标准创新系列教材　技工院校一体化课程教学改革汽车维修专业教材

ISBN 978-7-5167-5391-0

Ⅰ. ①汽…　Ⅱ. ①人…　Ⅲ. ①汽车－底盘－故障诊断－技工学校－教学参考资料②汽车－底盘－故障修复－技工学校－教学参考资料　Ⅳ. ①U472.41

中国版本图书馆 CIP 数据核字（2022）第 079683 号

中国劳动社会保障出版社出版发行

（北京市惠新东街 1 号　邮政编码：100029）

*

北京市白帆印务有限公司印刷装订　　新华书店经销

880 毫米 ×1230 毫米　16 开本　8.5 印张　196 千字

2022 年 6 月第 1 版　2022 年 6 月第 1 次印刷

定价：24.00 元

读者服务部电话：（010）64929211/84209101/64921644

营销中心电话：（010）64962347

出版社网址：http://www.class.com.cn

http://jg.class.com.cn

对接世界技能大赛技术标准创新系列教材

编审委员会

主　任：刘　康

副主任：张　斌　王晓君　刘新昌　冯　政

委　员：王　飞　翟　涛　杨　奕　张　伟　赵庆鹏　姜华平
杜庚星　王鸿飞

汽车维修专业课程改革工作小组

课 改 校：杭州技师学院　重庆五一技师学院
云南交通技师学院　山东工程技师学院　广东省机械技师学院
广州市工贸技师学院　山西交通技师学院　大连交通技师学院
广州市交通技师学院　江苏省盐城技师学院

技术指导：郭七一

编　　辑：马　琳

本书编审人员

主　编：杨　旭

参　编：罗少辉　周　世　李健成　唐新胜

序

世界技能大赛由世界技能组织每两年举办一届，是迄今全球地位最高、规模最大、影响力最广的职业技能竞赛，被誉为“世界技能奥林匹克”。我国于2010年加入世界技能组织，先后参加了五届世界技能大赛，累计取得36金、29银、20铜和58个优胜奖的优异成绩。第46届世界技能大赛将在我国上海举办。2019年9月，习近平总书记对我国选手在第45届世界技能大赛上取得佳绩作出重要指示，并强调，劳动者素质对一个国家、一个民族发展至关重要。技术工人队伍是支撑中国制造、中国创造的重要基础，对推动经济高质量发展具有重要作用。要健全技能人才培养、使用、评价、激励制度，大力发展技工教育，大规模开展职业技能培训，加快培养大批高素质劳动者和技术技能人才。要在全社会弘扬精益求精的工匠精神，激励广大青年走技能成才、技能报国之路。

为充分借鉴世界技能大赛先进理念、技术标准和评价体系，突出“高、精、尖、缺”导向，促进技工教育与世界先进标准接轨，完善我国技能人才培养模式，全面提升技能人才培养质量，人力资源社会保障部于2019年4月启动了世界技能大赛成果转化工作。根据成果转化工作方案，成立了由世界技能大赛中国集训基地、一体化课改学校，以及竞赛项目中国技术指导专家、企业专家、出版集团资深编辑组成的对接世界技能大赛技术标准深化专业课程改革工作小组，按照创新开发新专业、升级改造传统专业、深化一体化专业课程改革三种对接转化原则，以专业培养目标对接职业描述、专业课程对接世界技能标准、课程考核与评价对接评分方案等多种操作模式和路径，同时融入健康与安全、绿色与环保及可持续发展理念，开发与世界技能大赛项目对接的专业人才培养方案、教材及配套教学资源。首批对接 19 个世界技能大赛项目共 12 个专业的成果将于 2020—2021 年陆续出版，主要用于技工院校日常专业教学工作中，充分发挥世界技能大赛成果转化对技工院校技能人才的引领示范作用。在总结经验及调研的基础上选择新的对接项目，陆续启动第二批等世界技能大赛成果转化工作。

希望全国技工院校将对接世界技能大赛技术标准创新系列教材，作为深化专业课程建设、创新人才培养模式、提高人才培养质量的重要抓手，进一步推动教学改革，坚持高端引领，促进内涵发展，提升办学质量，为加快培养高水平的技能人才作出新的更大贡献！

2020年11月

汽车维修专业一体化教学参考书目录（中级阶段）

序号	书名
1	汽车文化（第二版）
2	机械识图（第四版）
3	机械基础（第四版）
4	电工与电子技术基础（第四版）
5	汽车材料（第四版）
6	钳工技能训练（第四版）
7	汽车维修企业管理（第二版）
8	汽车发动机构造与维修（第二版）
9	汽车底盘构造与维修（第二版）
10	汽车电气设备构造与维修（第二版）
11	汽车维护与故障诊断（第三版）
12	汽车构造（第三版）
13	汽车维护
14	汽车空调
15	汽车电气设备（第二版）
16	汽车维修技术手册

汽车底盘简单故障检修对应的学习任务

教材名称	对应的学习任务
汽车底盘简单故障检修（一）	学习任务一　汽车挂挡困难故障检修
	学习任务二　汽车行驶异响故障检修
	学习任务三　汽车转向沉重故障检修
汽车底盘简单故障检修（二）	学习任务四　汽车制动无力故障检修
	学习任务五　汽车防抱死制动系统故障灯亮故障检修
	学习任务六　汽车行驶跑偏故障检修

目　　录

学习任务一　汽车挂挡困难故障检修

学习目标

1. 能通过与客户交流、查阅相关维修技术资料等方式获取车辆信息。

2. 能根据任务要求制订合理的维修计划。

3. 能对汽车底盘总体结构及传动系统进行认知。

4. 能描述离合器和变速器的作用、组成、类型及工作原理。

5. 能识别离合器和变速器主要零部件，明确其作用。

6. 能查找汽车维修手册，对汽车离合器和变速器进行拆装、检查与调整。

7. 能根据维修计划，选择正确的工量具和诊断设备对汽车离合器和变速器进行检修。

8. 能对维修场地、设备进行日常维护和保养，按 6S 管理规定要求清理现场。

9. 能对相关资料、互联网资源进行检索，并完成维修工单、工作页的填写。

10. 能展示工作成果，进行任务评价，总结工作经验，优化检修方案。

11. 能在作业过程中严格按照企业操作规范操作，严格遵守安全生产制度、环保管理制度和从业人员职业道德，具有吃苦耐劳、爱岗敬业的工作态度和职业精神。

建议学时

40 学时。

工作情境描述

车主李先生准备开车外出，发现车辆在换挡时挂挡困难，并伴有异常响声。他将车辆送到维修厂，维修厂前台接车员接待了李先生，经维修技师检查初步判断为汽车底盘传动系统故障。汽车维修人员需要根据维修手册相关要求，在规定时间内，参照维修资料完成离合器和变速器的检查与零部件的更换工作，自检合格后交付班组长验收。

1．离合器和手动变速器的认知（4 学时）

2．离合器踏板自由行程的检查与调整（4 学时）

3．离合器的检查与更换（8 学时）

4．手动变速器的拆装与检查（22 学时）

5．工作总结与评价（2 学时）

思维导图

- 学习任务一 汽车挂挡困难故障检修
  - 学习活动1 离合器和手动变速器的认知
    - 汽车底盘总体结构
      - 传动系统
      - 转向系统
      - 制动系统
      - 行驶系统
    - 汽车传动系统的组成及作用
      - 离合器
      - 变速器
      - 万向传动装置
      - 驱动桥
    - 汽车传动系统的布置形式
    - 离合器和变速器的安装位置
    - 故障确认与原因分析
  - 学习活动2 离合器踏板自由行程的检查与调整
    - 离合器操纵机构的组成
    - 离合器踏板的调整参数
      - 离合器踏板自由行程的定义
      - 离合器踏板高度的定义
      - 离合器踏板工作行程的定义
    - 离合器踏板的检查与调整
      - 离合器踏板高度的检查与调整
      - 离合器踏板自由行程的检查与调整
      - 离合器踏板工作行程的检查
  - 学习活动3 离合器的检查与更换
    - 离合器总成的结构
      - 离合器的组成
      - 离合器主要零部件
    - 离合器的拆装
      - 离合器的拆卸
      - 离合器的安装
    - 离合器的检修
      - 从动盘的检修
      - 离合器盖总成的检查
    - 离合器常见故障原因
  - 学习活动4 手动变速器的拆装与检查
    - 手动变速器的组成
      - 操纵机构
      - 传动机构
    - 手动变速器的拆卸
      - 手动变速器操纵机构的拆卸
      - 手动变速器传动机构的拆卸
    - 手动变速器的检修
      - 输入轴和输出轴的检修
      - 各挡齿圈的检修
      - 操纵横杆的检修
      - 变速叉与变速叉轴的检修
    - 手动变速器的装配
      - 换挡杆的安装
      - 换挡支架的安装
      - 装配注意事项
    - 手动变速器常见故障原因
  - 学习活动5 工作总结与评价
    - 工作总结
    - 综合评价
    - 学习任务一整体评价

学习活动 1　离合器和手动变速器的认知

学习目标

1. 掌握汽车底盘总体结构及各部分的作用。
2. 掌握汽车传动系统的组成及作用。
3. 了解汽车传动系统常见的布置形式。
4. 能识别离合器和变速器的安装位置。
5. 能描述汽车挂挡困难故障现象并分析其原因。

建议学时：4 学时。

学习过程

一、汽车底盘总体结构

汽车底盘是汽车的基础，其作用是支撑和安装发动机、车身等总成与部件，形成汽车的整体，并接受发动机输出的动力，使汽车产生运动且保证汽车正常行驶。汽车底盘整体构造如图 1-1-1 所示。

图 1-1-1　汽车底盘整体构造

汽车底盘由传动系统、转向系统、制动系统和行驶系统组成，如图 1–1–2 所示。

图 1–1–2　汽车底盘的组成

1．传动系统

汽车传动系统是指从发动机到驱动车轮之间所有<u>动力传动装置</u>的总称。

汽车传动系统能促使汽车<u>起步</u>平稳、<u>变速</u>平顺、减慢速度、提高<u>转矩</u>以及在转向时差速等，给行驶过程中的汽车以足够充足的<u>牵引力</u>和<u>行车速度</u>变化，进而确保汽车在行驶过程中性能更加安全、稳定。

2．转向系统

汽车转向系统由转向盘、转向器和转向传动机构等组成，其作用是按照驾驶员的意愿控制汽车的<u>行驶方向</u>。

3．制动系统

汽车制动系统包括制动传动机构、车轮制动器、驻车制动器等部件，其作用是使行驶中的汽车按照驾驶员的要求进行<u>减速</u>或停车，或者使已停驶的汽车稳定<u>驻车</u>。

4．行驶系统

汽车行驶系统包括车架、车桥、车轮、悬架等部件，其作用是支撑<u>汽车总质量</u>，缓和<u>冲击</u>，减小<u>振动</u>，保证汽车的行驶<u>平顺性</u>，以及将传动系统传来的力矩转变为汽车行驶的<u>驱动力矩</u>。

二、汽车传动系统的组成及作用

汽车传动系统由离合器、变速器、万向传动装置和驱动桥等组成，如图 1–1–3 所示。将图注所缺名称补充完整。

1．离合器

（1）离合器的定义

汽车离合器位于<u>发动机</u>与<u>变速器</u>之间的飞轮壳内，用螺钉将离合器总成固定在<u>飞轮</u>的后平面上。在汽车行驶过程中，驾驶员可根据需要踩下或松开<u>离合器踏板</u>，使<u>发动机</u>与<u>变速器</u>暂时

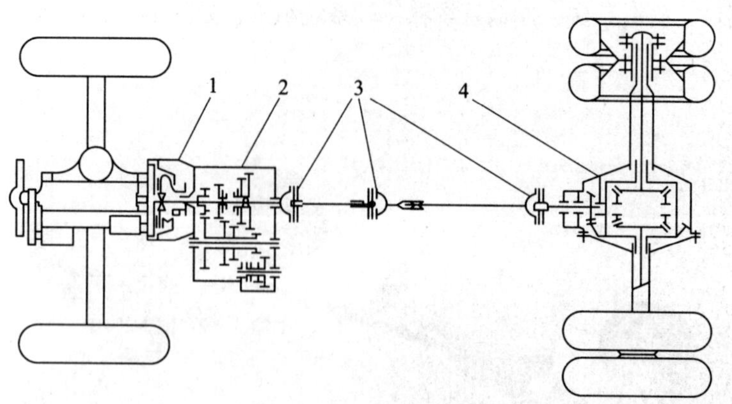

图 1-1-3 汽车传动系统的组成

1—离合器 2—变速器 3—万向传动装置 4—驱动桥

分离和逐渐接合，以切断或传递发动机向变速器输入的动力。

（2）离合器的作用

离合器类似于开关，具有接合或分离动力传递的作用。离合器的主要作用如下：

1）保证平稳起步：起步前汽车处于静止状态，如果发动机与变速器是刚性连接，一旦挂上挡，汽车由静止到运动的时间过短，不但会造成机件的损伤，而且驱动力也不足以克服汽车前冲产生的巨大惯性，使发动机转速急剧下降而熄火。

2）实现平顺换挡：汽车行驶过程中会经常换用不同的变速器挡位，以适应不断变化的行驶条件。如果没有离合器将发动机与变速器暂时分离，那么变速器中啮合的传力齿轮会因载荷没有卸除，其啮合齿面间的压力很大而难以分开。

3）防止传动系统过载：汽车紧急制动时，车轮突然急剧降速，而与发动机相连的传动系统由于旋转的惯性，往往会造成较大冲击，由于离合器是靠摩擦力来传递转矩的，所以当传动系统所受冲击达到某一极限时，离合器的主、从动部分就会自动打滑，从而保护传动系统免受损伤。

4）降低扭振冲击：汽车发动机的工作原理决定了其输出扭矩不平稳。在做功行程，燃烧室气体爆炸产生极大的冲击扭矩，而在其他行程是靠惯性来反拖发动机。离合器可降低扭振冲击。

（3）离合器的分类

1）按弹簧类型可分为螺旋弹簧式和碟形弹簧式。

2）按从动盘数量可分为单盘式、双盘式和多盘式。

3）按压力方式可分为干式离合器和湿式离合器。

4）按操纵方式可分为机械离合器和液压离合器。

2．变速器

（1）变速器的定义

汽车变速器是一套用于协调发动机的转速和车轮实际行驶速度的变速装置，它可以使发动机发挥最佳性能。在汽车行驶过程中，变速器可以使发动机与车轮之间产生不同的变速比。

（2）变速器的作用

发动机的输出转速非常高，最大功率及最大扭矩在一定的转速区出现。变速器可以协调发动机转速和车轮实际行驶速度，以使发动机发挥最佳性能。变速器的主要作用如下：

1）通过＿改变传动比＿，扩大驱动轮转矩和转速的变化范围，以适应汽车经常变化的行驶条件，同时使发动机在有利的工况下（功率较高而耗油率较低）工作。

2）在发动机曲轴旋转方向不变的情况下，变速器能使汽车＿倒退行驶＿。

3）利用变速器的空挡中断＿动力传递＿，使发动机能够起动和怠速运转，便于变速器换挡或输出动力。

4）利用变速器作为＿动力输出装置＿，驱动其他机构。

（3）变速器的分类

1）按传动比可分为＿有级式变速器＿和＿无级式变速器＿。

2）按操纵方式可分为＿手动变速器＿和＿自动变速器＿。

3．万向传动装置

万向传动装置是在工作过程中相对位置不断改变的两根轴之间传递动力的装置，其作用是连接不在同一直线上的变速器＿输出轴＿和主减速器＿输入轴＿，并保证在两轴之间的夹角和距离动态变化的情况下，仍能可靠地传递动力。

4．驱动桥

驱动桥一般由＿主减速器＿、＿差速器＿、＿车轮传动装置＿和驱动桥壳等组成，其作用是增大由传动轴或变速器传来的转矩，并将动力合理地分配给左、右驱动轮，另外还承受作用于路面和车架或车身之间的垂直力、纵向力和横向力。

三、汽车传动系统的布置形式

汽车传动系统的布置形式取决于汽车的使用性质、发动机的安装位置和汽车的驱动形式。汽车的驱动形式通常用汽车车轮总数 × 驱动车轮数来表示，普通汽车一般装有 4 个车轮。根据车轮总数的不同，汽车传动系统的常见驱动形式及其特点见表 1–1–1。

表 1–1–1　　汽车传动系统的常见驱动形式及其特点

驱动形式	图片	特点
发动机前置、后轮驱动（FR 型）	主减速器及差速器 驱动轴 轮胎 传动轴 变速器 发动机	这种布置形式一般是将发动机、离合器、变速器连成一个整体安装在汽车的前部，而主减速器、差速器和半轴则安装在汽车后部的后桥壳内，两者之间通过万向传动装置相连。这种后轮驱动的布置形式附着力大，容易获得足够的驱动力，并且发动机的散热条件好，驾驶员可直接操纵离合器、变速器，因而操纵机构简单，维修方便。这是目前货车上广泛采用的一种传动系统的布置形式

续表

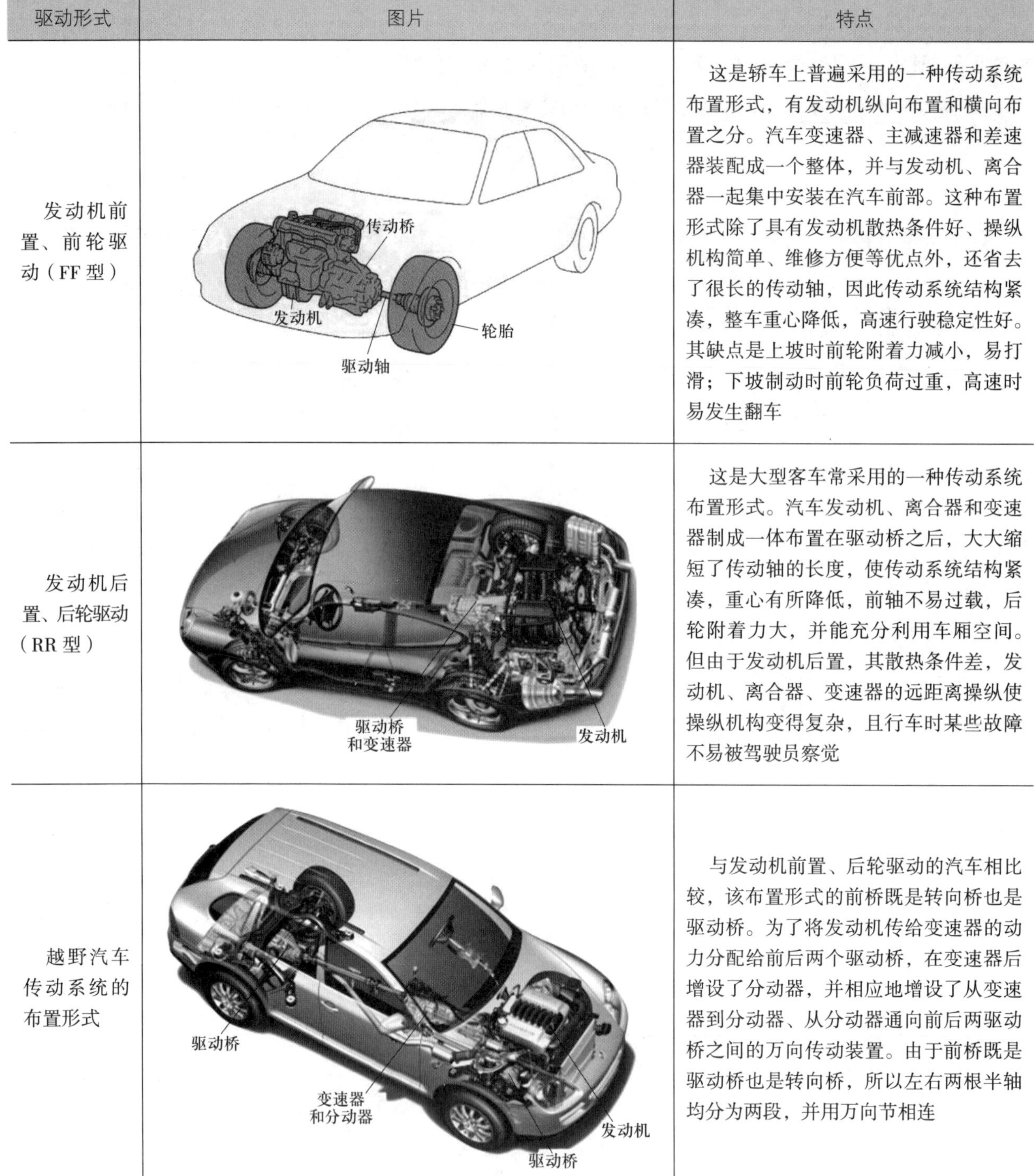

驱动形式	图片	特点
发动机前置、前轮驱动（FF 型）		这是轿车上普遍采用的一种传动系统布置形式，有发动机纵向布置和横向布置之分。汽车变速器、主减速器和差速器装配成一个整体，并与发动机、离合器一起集中安装在汽车前部。这种布置形式除了具有发动机散热条件好、操纵机构简单、维修方便等优点外，还省去了很长的传动轴，因此传动系统结构紧凑，整车重心降低，高速行驶稳定性好。其缺点是上坡时前轮附着力减小，易打滑；下坡制动时前轮负荷过重，高速时易发生翻车
发动机后置、后轮驱动（RR 型）		这是大型客车常采用的一种传动系统布置形式。汽车发动机、离合器和变速器制成一体布置在驱动桥之后，大大缩短了传动轴的长度，使传动系统结构紧凑，重心有所降低，前轴不易过载，后轮附着力大，并能充分利用车厢空间。但由于发动机后置，其散热条件差，发动机、离合器、变速器的远距离操纵使操纵机构变得复杂，且行车时某些故障不易被驾驶员察觉
越野汽车传动系统的布置形式		与发动机前置、后轮驱动的汽车相比较，该布置形式的前桥既是转向桥也是驱动桥。为了将发动机传给变速器的动力分配给前后两个驱动桥，在变速器后增设了分动器，并相应地增设了从变速器到分动器、从分动器通向前后两驱动桥之间的万向传动装置。由于前桥既是驱动桥也是转向桥，所以左右两根半轴均分为两段，并用万向节相连

四、离合器和变速器的安装位置

离合器位于 发动机 与变速器之间的飞轮壳内，变速器与 飞轮壳体 相连，如图 1-1-4 所示。在车辆上找到出现故障的汽车底盘总成部件，结合图 1-1-4 中标注的部件名称，完成汽车底盘总成部件安装位置的认知。

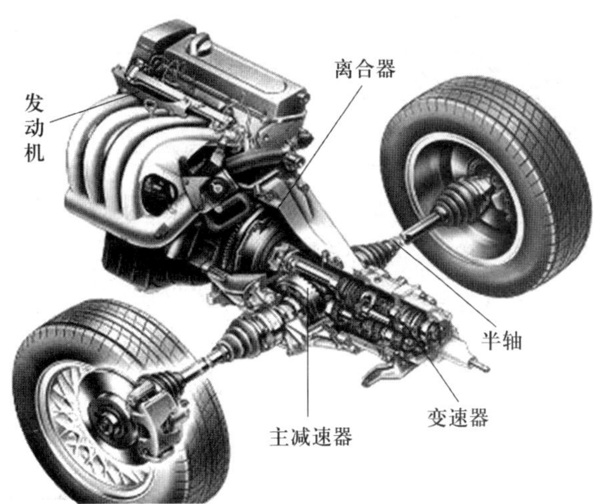

图 1-1-4　离合器和变速器的安装位置

五、故障确认与原因分析

1．描述汽车挂挡困难故障现象。

故障现象：

答：换挡时变速杆操作沉重，不能挂入挡位，或勉强挂上挡后很难退回空挡。

2．根据汽车挂挡困难故障现象，分析可能的故障原因。

可能的故障原因：

答：（1）操纵机构失调；（2）拨叉轴弯曲、锈蚀或有毛刺；（3）同步器失效；（4）接合套花键磨损、起毛或损坏；（5）离合器分离不彻底。

六、学习过程评价

学习过程评价见表 1-1-2。

表 1-1-2　学习过程评价表

<table>
<tr><td>班级</td><td></td><td>姓名</td><td></td><td>学号</td><td></td><td>日期</td><td>年　月　日</td></tr>
<tr><td>序号</td><td colspan="4">评价要点</td><td>配分</td><td>得分</td><td>总评</td></tr>
<tr><td>1</td><td colspan="4">能正确识读和填写工作页，明确学习活动要求</td><td>10</td><td></td><td rowspan="5">A □（86 ~ 100）
B □（76 ~ 85）
C □（60 ~ 75）
D □（60 以下）</td></tr>
<tr><td>2</td><td colspan="4">能查阅资料，描述汽车底盘的总体结构</td><td>10</td><td></td></tr>
<tr><td>3</td><td colspan="4">能查阅资料，描述传动系统的组成及作用</td><td>10</td><td></td></tr>
<tr><td>4</td><td colspan="4">能查阅资料，描述汽车传动系统的布置形式</td><td>10</td><td></td></tr>
<tr><td>5</td><td colspan="4">能查阅资料，识别离合器和变速器的安装位置</td><td>10</td><td></td></tr>
</table>

续表

序号	评价要点	配分	得分	总评
6	能通过检查，确认汽车挂挡困难故障现象	10		A □（86～100） B □（76～85） C □（60～75） D □（60 以下）
7	能查阅资料，写出汽车挂挡困难故障原因	10		
8	能遵守劳动纪律，以积极的态度接受工作任务	10		
9	能积极参与小组讨论，具有团队合作精神	10		
10	能及时完成教师布置的任务	10		
	总　分	100		
小结建议				

学习活动 2　离合器踏板自由行程的检查与调整

学习目标

1. 能描述离合器操纵机构的组成。
2. 能描述离合器踏板调整参数的定义。
3. 能按照规范完成离合器踏板的检查与调整。

建议学时：4 学时。

学习过程

一、离合器操纵机构的组成

离合器操纵机构是使离合器分离与接合的机构，主要由位于离合器壳体内的分离机构和位于离合器壳体外的离合器踏板及传动机构、助力机构等组成。

1．在待修车辆上找到离合器操纵机构各零部件，填写图 1–2–1 所示各零部件的名称。

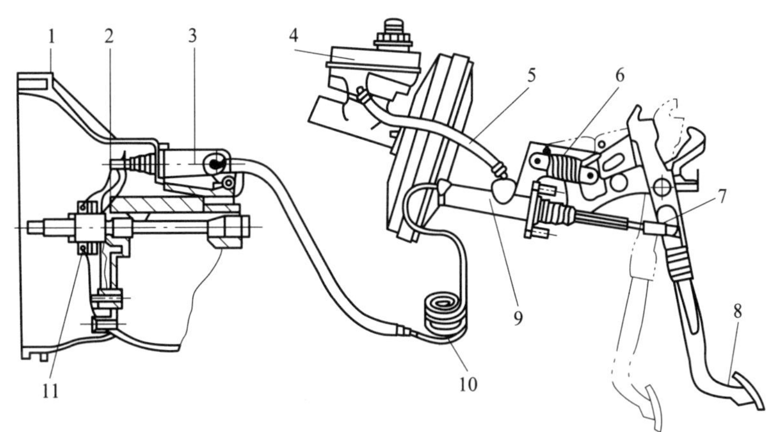

图 1–2–1　离合器操纵机构

1—变速器壳体　2—分离叉　3—工作缸　4—<u>储液罐</u>　5—<u>低压油管</u>　6—助力弹簧
7—<u>推杆</u>　8—<u>离合器踏板</u>　9—离合器总泵　10—油管总成　11—分离轴承

2．对照表 1–2–1 中的零部件图片，通过查阅资料和查看待修车辆，填写离合器操纵机构主要零部件的名称及作用。

表 1-2-1　　离合器操纵机构主要零部件的名称及作用

序号	图片	名称	作用
1		离合器踏板	通过驾驶员的正确操纵，实现离合器前后部分（发动机和变速器）的接合与分离
2		储液罐	用于保证离合器总泵、分泵、油路中的液压油充足，防止大量液体进入离合器，允许少量离合器油回到离合器，目的是减少磨损，延长离合器的使用寿命
3		离合器总泵	用于采集踏板行程信息，通过真空助力器的作用使离合器实现分离
4	锁紧螺母 调整螺母	锁紧螺母和调整螺母	用于锁紧和调整离合主缸推杆的螺母
5		低压油管	用于输送离合器油

二、离合器踏板的调整参数

查阅资料，对照图 1-2-2 描述并填写离合器踏板调整参数的定义。

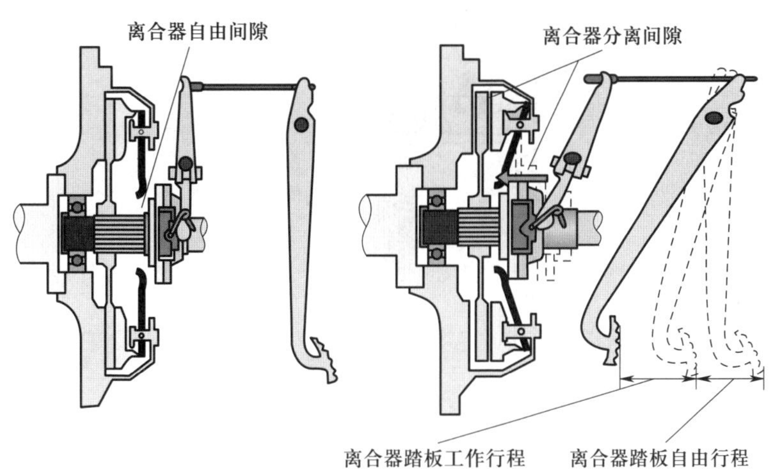

图 1–2–2　离合器踏板调整参数

1．离合器踏板自由行程的定义

答：离合器踏板自由行程是指离合器膜片弹簧内端与分离轴承之间的间隙在踏板上的反映，即从踩下离合器踏板开始到离合器自由行程完全消失所对应的踏板行程。

2．离合器踏板高度的定义

答：未踩踏时，离合器踏板与驾驶室地板之间的高度差即为离合器踏板高度。

3．离合器踏板工作行程的定义

答：离合器踏板总行程减去离合器踏板自由行程即为离合器踏板工作行程。

三、离合器踏板的检查与调整

1．离合器踏板高度的检查与调整

离合器踏板高度如图 1–2–3 所示。离合器踏板高度的检查与调整如图 1–2–4a 所示，掀起车内脚垫，用＿直尺＿测量驾驶室地板到离合器踏板上表面的距离。如果超出标准，应调整离合器踏板高度，可以通过离合器踏板后的＿限位螺栓＿进行调整。一般轿车离合器踏板高度的规定值为 170 ~ 190 mm。

2．离合器踏板自由行程的检查与调整

离合器踏板自由行程的检查与调整如图 1–2–4b 所示，将直尺抵在驾驶室地板上，先测量踏板完全放松时的高度，再用手轻按踏板，当感觉阻力增大时再测量踏板高度，两次测量的＿高度差＿即为离合器踏板自由行程。

调整离合器踏板自由行程时，液压式操纵机构一般是调整主缸推杆的长度，先将主缸推杆＿锁紧螺母＿旋松，然后转动主缸推杆，从而调整离合器踏板＿自由行程＿，调整后再旋紧锁紧螺母，如图 1–2–5 所示。

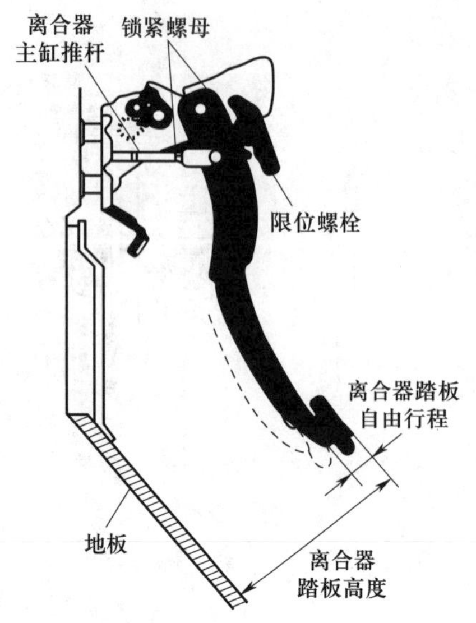

图 1-2-3　离合器踏板高度和自由行程示意图

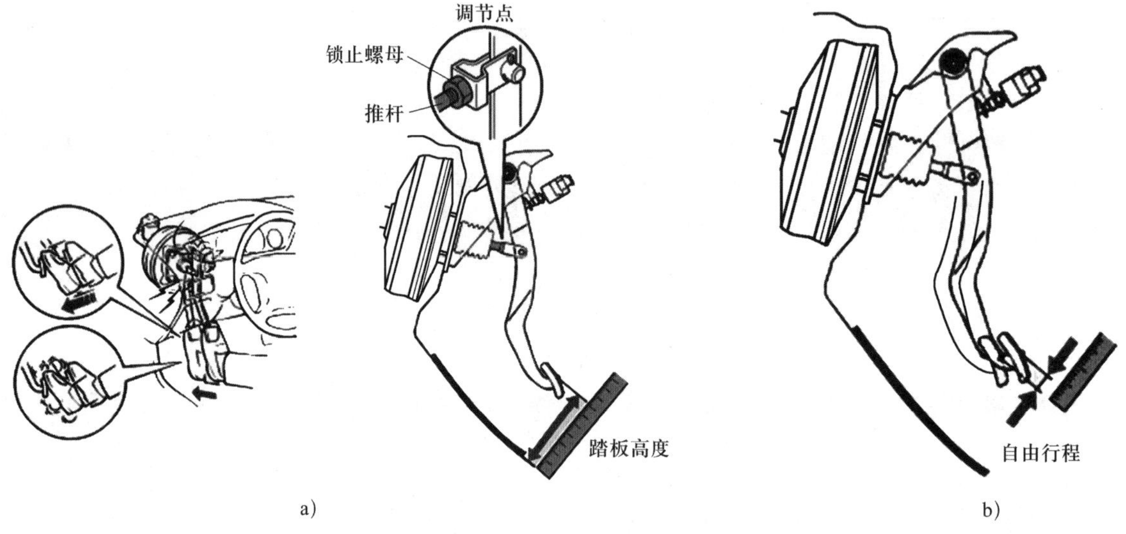

图 1-2-4　离合器踏板高度与自由行程的检查与调整

a）离合器踏板高度的检查与调整　b）离合器踏板自由行程的检查与调整

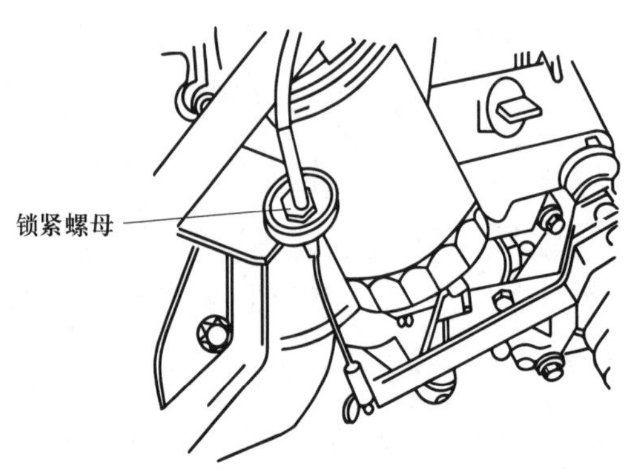

图 1-2-5　离合器踏板自由行程的调整

3．离合器踏板工作行程的检查

将直尺抵在驾驶室地板上，先用手轻轻按踏板，当感觉阻力增大时测量踏板高度，再测量踏板踩到底时的踏板高度，两次测量的＿高度差＿即为离合器踏板工作行程。

四、学习过程评价

学习过程评价见表 1–2–2。

表 1–2–2　　　　学习过程评价表

<table>
<tr><td>班级</td><td></td><td>姓名</td><td></td><td>学号</td><td></td><td>日期</td><td>年　月　日</td></tr>
<tr><td>序号</td><td colspan="5">评价要点</td><td>配分</td><td>得分</td><td>总评</td></tr>
<tr><td>1</td><td colspan="5">能正确识读和填写工作页，明确学习活动要求</td><td>10</td><td></td><td rowspan="11">A □（86 ~ 100）
B □（76 ~ 85）
C □（60 ~ 75）
D □（60 以下）</td></tr>
<tr><td>2</td><td colspan="5">能查阅资料，写出离合器操纵机构的组成</td><td>10</td><td></td></tr>
<tr><td>3</td><td colspan="5">能查阅资料，写出离合器操纵机构主要零部件的作用</td><td>10</td><td></td></tr>
<tr><td>4</td><td colspan="5">能查阅资料，写出离合器踏板调整参数的定义</td><td>10</td><td></td></tr>
<tr><td>5</td><td colspan="5">能按照规范检查与调整离合器踏板高度</td><td>10</td><td></td></tr>
<tr><td>6</td><td colspan="5">能按照规范检查与调整离合器踏板自由行程</td><td>10</td><td></td></tr>
<tr><td>7</td><td colspan="5">能按照规范检查离合器踏板工作行程</td><td>10</td><td></td></tr>
<tr><td>8</td><td colspan="5">能遵守劳动纪律，以积极的态度接受工作任务</td><td>10</td><td></td></tr>
<tr><td>9</td><td colspan="5">能积极参与小组讨论，具有团队合作精神</td><td>10</td><td></td></tr>
<tr><td>10</td><td colspan="5">能及时完成教师布置的任务</td><td>10</td><td></td></tr>
<tr><td colspan="6">总　分</td><td>100</td><td></td></tr>
<tr><td>小结
建议</td><td colspan="8"></td></tr>
</table>

学习活动3 离合器的检查与更换

学习目标

1. 能描述离合器的组成与主要零部件的作用。
2. 能按照规范拆装离合器。
3. 能按照规范检查离合器主要零部件。
4. 能分析离合器常见故障原因。

建议学时：8学时。

学习过程

一、离合器总成的结构

1．离合器的组成

如图1–3–1所示，汽车离合器一般由离合器盖、<u>压盘</u>、<u>从动盘</u>、<u>膜片弹簧</u>、<u>传动钢带</u>、<u>分离钩</u>和分离轴承等组成。

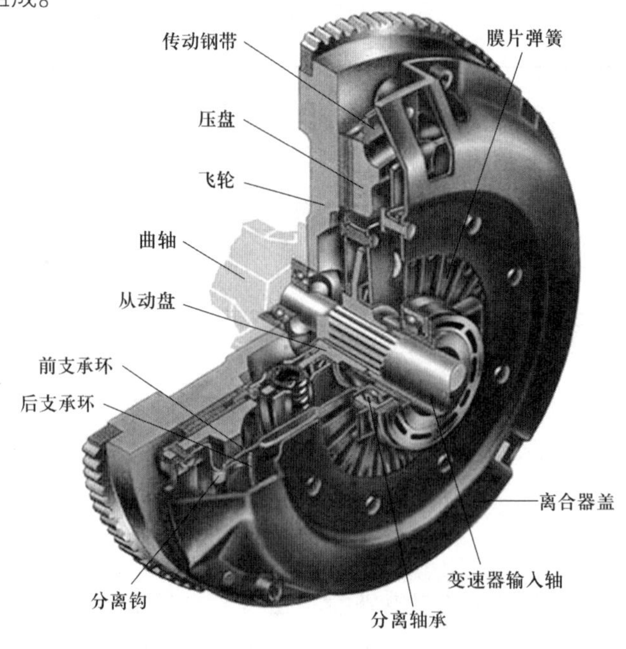

图1–3–1 离合器的组成

2．离合器主要零部件

通过查阅资料和检查待修车辆，对离合器的组成与结构进行认知，将离合器主要零部件的名称及作用填写在表 1–3–1 中。

表 1–3–1　　离合器主要零部件的认知

序号	图片	名称	作用
1		离合器外壳	用于支撑和保护离合器内部结构
2		离合器盖	用于支承并安装离合器压盘、压紧弹簧及分离杆机构
3		膜片弹簧	膜片弹簧兼起压紧弹簧分离杠杆的作用
4		分离轴承	分离轴承可以使分离杠杆一边旋转一边沿离合器输出轴轴向移动，从而保证离合器接合平顺，分离柔和，减少磨损，延长离合器及整个传动系统的使用寿命

续表

序号	图片	名称	作用
5		分离杠杆	在受力的情况下，把弹簧压紧，使从动盘与离合器分开，起到使发动机和变速器分离的作用
6		压盘	用于压紧从动盘，这样发动机发出的转矩即可通过飞轮及压盘与从动盘接触面的摩擦作用传到从动盘
7		从动盘	通过摩擦转换，把发动机的扭矩传给变速器

二、离合器的拆装

1．离合器的拆卸

（1）拆下＿离合器拉索＿。

（2）拆下离合器分离叉轴传动臂。

（3）拆除离合器总成。做好离合器盖与飞轮间的装配＿标记＿。

（4）拆卸离合器操纵机构的分离装置，步骤如下：

1）拆除支承弹簧和＿分离轴承＿。

2）取下分离轴承导向套筒及垫圈。

3）用尖嘴钳拆下挡圈，取下橡胶防尘套、轴承衬套和轴承。

4）拆除复位弹簧，取出分离叉轴。

（5）拆下<u>压盘</u>总成和<u>从动盘</u>总成。将飞轮固定，交替、对称拧松离合器压盘总成与飞轮之间的固定螺栓，取下压盘总成和从动盘总成。

（6）拆除离合器踏板机构。拆除锁片，取下离合器踏板，用专用工具压出轴承衬套。

2．离合器的安装

按与离合器拆卸相反的顺序安装。安装时应注意以下几点：

（1）离合器盖与压盘及复位弹簧的<u>对合标记</u>要对齐。

（2）在组装各支点和轴承表面以及分离轴承时应涂抹<u>润滑脂</u>。

（3）离合器从动盘有减振器盘的一面应朝向压盘方向安装。

（4）安装离合器压盘总成时，需要导向定位器或变速器输入轴进行中心定位，使从动盘与压盘同心，以便安装输入轴。

（5）压盘必须与飞轮接触才能紧固螺栓。紧固时按对角线逐次拧紧，紧固力矩为 25 N·m。

（6）分离叉轴两端必须同心。

（7）离合器分离叉轴传动臂的安装位置与固定拉索螺母架的位置必须相距 195～205 mm。

（8）应将<u>离合器踏板</u>自由行程调整为 15～25 mm。

（9）安装橡胶防尘套时，先将压簧推入分离轴承，再预压挡圈使防尘套尺寸至 18 mm 后锁紧，分离轴承锁紧力矩为 15 N·m。

三、离合器的检修

1．从动盘的检修

（1）目视检查从动盘<u>摩擦片</u>是否有裂纹、铆钉外露、减振器弹簧断裂等现象，如果有，应更换从动盘。

（2）从动盘端面圆跳动的检测（见图 1–3–2）：在距<u>从动盘</u>外边缘 2.5 mm 处测量，离合器从动盘最大端面圆跳动为 0.4 mm。如果不符合要求，可用扳钳校正或更换从动盘。

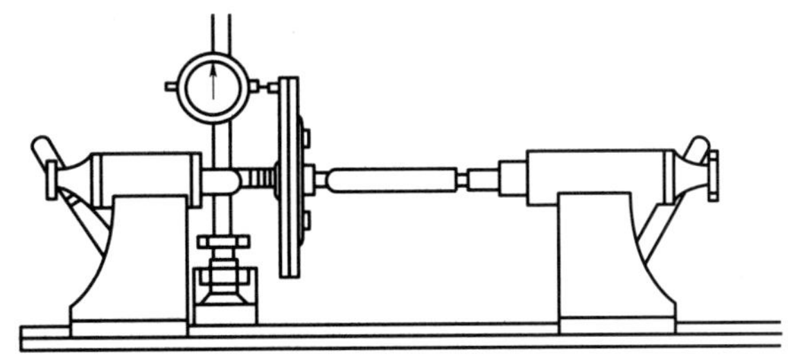

图 1–3–2　从动盘端面圆跳动的检测

（3）摩擦片磨损程度的检查。摩擦片磨损程度可用游标卡尺进行测量，如图 1–3–3 所示。铆钉头埋入深度 t 应不小于 0.20 mm。如果检查结果不符合要求，应更换<u>从动盘</u>。

2．离合器盖总成的检查

（1）如图 1–3–4 所示，检查膜片弹簧的磨损程度（深度 $A \leqslant 0.6$ mm，宽度 $B \leqslant 5$ mm），如果不符合要求，应更换离合器盖总成。

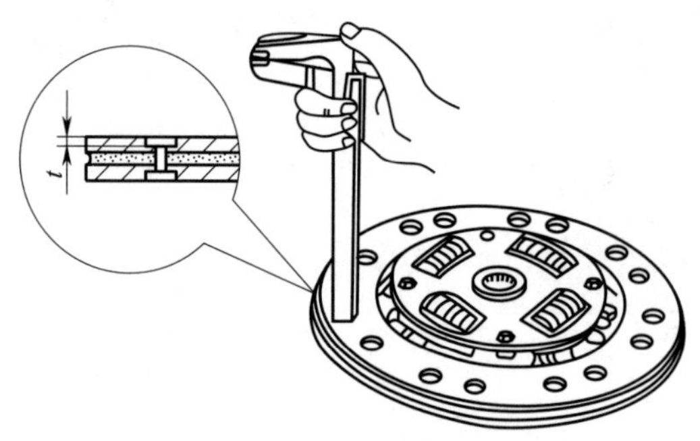

图 1–3–3　摩擦片磨损程度的检查

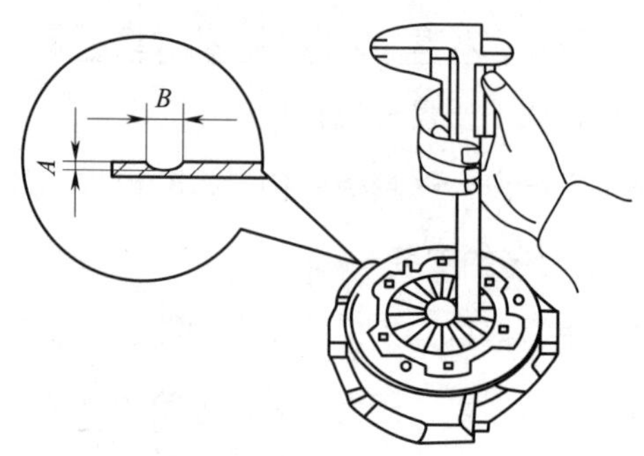

图 1–3–4　膜片弹簧磨损程度的检查

（2）用游标卡尺测量离合器盖两侧铆钉和离合器从动盘表面之间的深度（≥0.3 mm）。如果不符合要求，应更换离合器摩擦片。

四、离合器常见故障原因

查阅资料，在表 1–3–2 中写出汽车离合器常见故障原因。

表 1–3–2　离合器常见故障原因

故障现象	故障原因
离合器异响：汽车离合器分离或接合时发出不正常的响声	（1）分离轴承缺油 （2）分离轴承损坏 （3）双盘离合器中压盘与传动销配合间隙过大 （4）从动盘毂键齿与一轴键齿配合间隙过大 （5）从动盘毂铆钉松动
离合器分离不彻底：发动机怠速运转时，踩下离合器踏板，挂挡时有齿轮撞击声且难以挂挡；如果勉强挂上挡，则在离合器踏板尚未完全放松时发动机完全熄火	（1）离合器踏板自由行程过大 （2）分离杠杆弯曲变形、支座松动、支座轴销脱出，使分离杠杆内端高度难以调整 （3）分离杠杆调整不当，其内端不在同一平面内或内端高度太低 （4）双盘离合器中间压盘限位螺钉调整不当，个别分离弹簧疲劳、高度不足或折断，中间压盘在传动销上或在离合器驱动窗口内轴向移动不灵活 （5）从动盘钢片翘曲、摩擦片破裂或铆钉松动 （6）新换的摩擦片太厚或从动盘正反装错 （7）从动盘花键孔与变速器一轴花键轴传动卡滞 （8）离合器液压操纵机构漏油、有空气或油量不足 （9）膜片弹簧弹力减弱 （10）发动机支承磨损或损坏，发动机与变速器不同心
离合器打滑：汽车用低速挡起步时，放松离合器踏板后，汽车不能起步或起步困难；汽车加速行驶时，车速不能随发动机转速的提高而提高，汽车行驶无力，严重时会发出焦煳味或出现冒烟现象	（1）离合器踏板没有自由行程，使分离轴承压在分离杠杆上 （2）从动盘摩擦片、压盘或飞轮工作面磨损严重，离合器盖与飞轮之间的连接松动，造成压紧力减弱 （3）从动盘摩擦片油污、烧蚀、表面硬化、铆钉外露、表面不平，造成摩擦因数下降 （4）压力弹簧疲劳或折断，膜片弹簧疲劳或开裂，造成压紧力下降 （5）离合器操纵杆系卡滞，分离轴承套筒与导管间油污、尘腻严重，甚至卡滞，造成分离轴承不能回位 （6）分离杠杆弯曲变形，出现运动干涉，不能回位

五、学习过程评价

学习过程评价见表 1–3–3。

表 1–3–3　学习过程评价表

<table>
<tr><td>班级</td><td></td><td>姓名</td><td></td><td>学号</td><td></td><td>日期</td><td>年　月　日</td></tr>
<tr><td>序号</td><td colspan="5">评价要点</td><td>配分</td><td>得分</td><td>总评</td></tr>
<tr><td>1</td><td colspan="5">能正确识读和填写工作页，明确学习活动要求</td><td>10</td><td></td><td rowspan="10">A □（86 ~ 100）
B □（76 ~ 85）
C □（60 ~ 75）
D □（60 以下）</td></tr>
<tr><td>2</td><td colspan="5">能查阅资料，识别离合器各组成零部件</td><td>10</td><td></td></tr>
<tr><td>3</td><td colspan="5">能查阅资料，写出离合器主要零部件的作用</td><td>10</td><td></td></tr>
<tr><td>4</td><td colspan="5">能按照规范完成离合器的拆装</td><td>20</td><td></td></tr>
<tr><td>5</td><td colspan="5">能按照规范完成离合器的检修</td><td>10</td><td></td></tr>
<tr><td>6</td><td colspan="5">能查阅资料，写出离合器常见故障原因</td><td>10</td><td></td></tr>
<tr><td>7</td><td colspan="5">能遵守劳动纪律，以积极的态度接受工作任务</td><td>10</td><td></td></tr>
<tr><td>8</td><td colspan="5">能积极参与小组讨论，具有团队合作精神</td><td>10</td><td></td></tr>
<tr><td>9</td><td colspan="5">能及时完成教师布置的任务</td><td>10</td><td></td></tr>
<tr><td colspan="6">总　分</td><td>100</td><td></td></tr>
<tr><td>小结
建议</td><td colspan="8"></td></tr>
</table>

学习活动 4　手动变速器的拆装与检查

学习目标

1. 能描述手动变速器的组成。
2. 能按照规范拆装手动变速器。
3. 能按照规范检查手动变速器操纵机构主要零部件。
4. 能按照规范检查手动变速器传动机构主要零部件。
5. 能分析手动变速器常见故障原因。

建议学时：22 学时。

学习过程

一、手动变速器的组成

手动变速器主要由操纵机构和传动机构组成。

1．操纵机构

（1）操纵机构的组成

如图 1–4–1 所示，汽车手动变速器操纵机构一般由__变速杆__、变速叉、变速叉轴、自锁装置（如自锁钢球、自锁弹簧）和互锁装置（如互锁柱销）等组成。

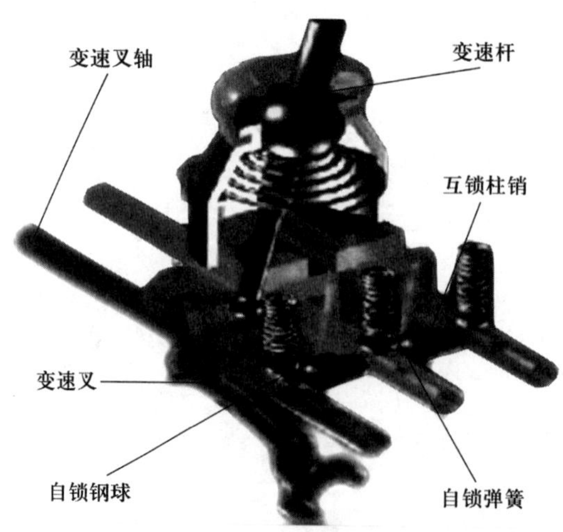

图 1–4–1　手动变速器操纵机构的组成

（2）操纵机构主要零部件的认知

通过查阅资料和检查待修车辆，在表 1–4–1 中填写手动变速器操纵机构主要零部件的名称及作用。

表 1–4–1　　手动变速器操纵机构主要零部件的名称及作用

序号	图片	名称	作用
1		变速杆	驾驶员操纵变速杆可以选择变速器传动挡位
2		变速器盖总成（变速叉、变速叉轴、自锁装置和互锁装置）	用于安装变速叉、变速叉轴、自锁装置和互锁装置等

2．传动机构

（1）传动机构的组成

汽车手动变速器传动机构一般由变速器壳、输入轴（一轴）、输出轴（二轴）、倒挡轴、齿轮、同步器和接合套等组成。图 1–4–2 所示为手动变速器传动机构。

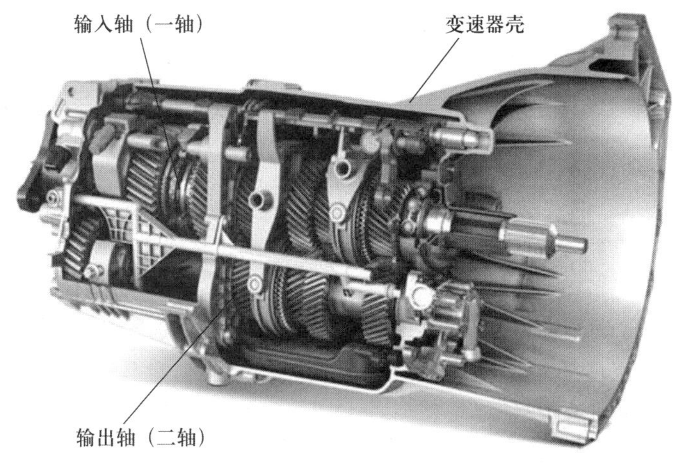

图 1–4–2　手动变速器传动机构

（2）传动机构主要零部件的认知

通过查阅资料和检查待修车辆，在表 1–4–2 中填写手动变速器传动机构主要零部件的名称及作用。

表 1–4–2　　手动变速器传动机构主要零部件的名称及作用

序号	图片	名称	作用
1		变速器壳	用于安装变速器传动机构及其附件
2		变速器一轴、二轴及倒挡轴	用于安装变速器齿轮并通过齿轮传递转矩
3		变速器齿轮	用于传递正向或反向转矩
4		同步器、接合套	同步器使将要啮合的齿轮转速达到一致，从而顺利啮合；接合套使两个齿轮啮合在一起传递转矩

二、手动变速器的拆卸

1．手动变速器操纵机构的拆卸

（1）换挡杆的拆卸

拆下换挡手柄，取下防尘罩，取下仪表板。拆下固定在上换挡杆上的弹簧锁圈（注意：锁圈一经拆卸就要更换），取下挡圈和弹簧。拆下换挡杆支架。拆下变速控制器罩壳，使上、下换挡杆脱离。

（2）换挡杆支架的拆卸

取下换挡手柄和防尘罩。拆下锁圈、挡圈和弹簧。拆下换挡杆支架的固定螺栓，取下换挡杆支架。换挡杆支架零件分解图如图 1–4–3 所示。换挡杆支架只有在加注润滑油时才需要分解，一旦发现任何零件损坏就要全部更换。

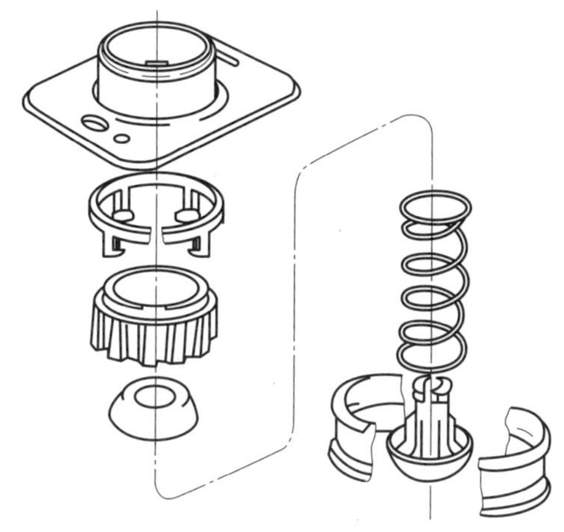

图 1–4–3　换挡杆支架零件分解图

2．手动变速器传动机构的拆卸

（1）拆卸手动变速器后盖

将手动变速器固定在拆装工具或工作台上。使用套筒拧下手动变速器后盖螺栓，并取下手动变速器后盖及密封圈。

（2）拆卸锁止装置

1）用圆柱冲冲出五挡叉锁止弹性销，如图 1–4–4 所示。

图 1–4–4　拆卸锁止装置步骤 1

2）使用卡簧钳取下 卡环 ，如图 1–4–5 所示。

图 1–4–5　拆卸锁止装置步骤 2

3）向上取出五挡变速叉及 同步器 ，再取下五挡从动齿轮，如图 1–4–6 所示。

图 1–4–6　拆卸锁止装置步骤 3

4）使用工具取下五挡主动齿轮上的卡环，并取下碟形弹性垫圈，再用拉器取下五挡主动齿轮，如图 1–4–7 所示。

图 1–4–7　拆卸锁止装置步骤 4

（3）拆卸轴承锁止片

1）使用 T 形、花型套筒拧下锁止片螺栓，如图 1–4–8 所示。

2）用一个大小合适的圆柱冲插入锁止片的螺栓孔中，用另一个圆柱冲向外顶另一端取下锁止片，如图 1–4–9 所示。

图 1–4–8 拆卸轴承锁止片步骤 1

图 1–4–9 拆卸轴承锁止片步骤 2

（4）拆卸变速器壳体

1）逆时针拧下＿倒挡开关＿。

2）用套筒拆卸螺栓。

3）使用撬杠小心地向上撬，分离变速器壳体与离合器，如图 1–4–10 所示。

图 1–4–10 拆卸变速器壳体

（5）拆卸倒挡轴及倒挡齿轮

1）直接取下＿倒挡轴＿。

2）向外取出倒挡轴及倒挡滑动齿轮，如图 1–4–11 所示。

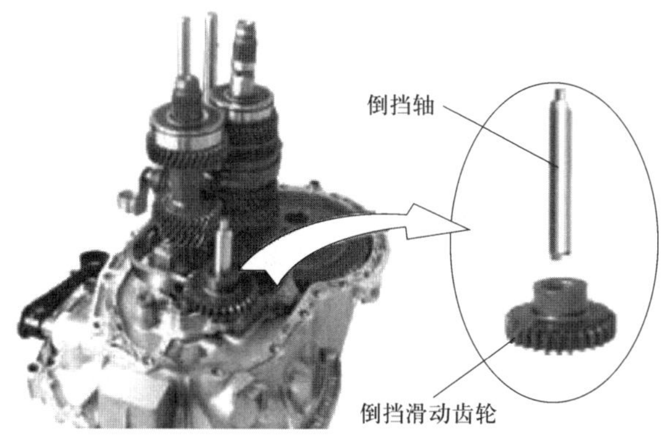

图 1–4–11 拆卸倒挡轴及倒挡齿轮步骤 1

3）拆卸倒挡拨叉。先向下按住倒挡拨叉再向外取下 倒挡拨叉销 ，并取下倒挡拨叉，如图 1–4–12 所示。

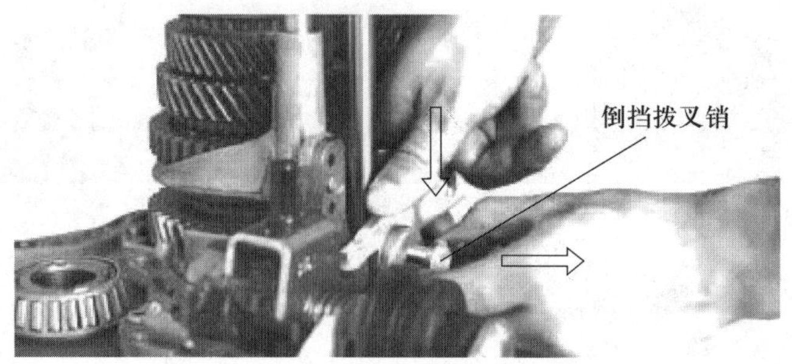

图 1–4–12　拆卸倒挡轴及倒挡齿轮步骤 2

（6）拆卸变速器齿轮组

1）先挂入二挡，然后用 圆柱冲 冲出柱销，如图 1–4–13 所示。

图 1–4–13　拆卸变速器齿轮组步骤 1

2）向外取出变速杆轴及支座，如图 1–4–14 所示。

3）取出一挡、二挡选挡复位。

4）向外取出连锁装置锁止 开关 总成，如图 1–4–15 所示。

图 1–4–14　拆卸变速器齿轮组步骤 2

图 1–4–15　拆卸变速器齿轮组步骤 3

5）托住一轴、二轴，连同拨叉向上垂直取出一轴、二轴，如图 1–4–16 所示。

（7）拆卸差速器

1）使用 T 形、花型套筒拧下螺栓，如图 1–4–17 所示。

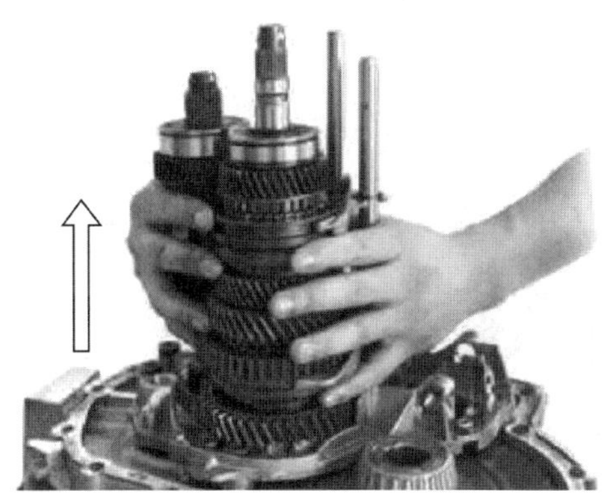

图 1-4-16　拆卸变速器齿轮组步骤 4

图 1-4-17　拆卸差速器步骤 1

2）用两根撬杠向外撬下变速器轴底座。

3）取出磁体。

4）向上取出＿差速器＿。

5）取出锁止销和＿锁止弹簧＿，如图 1-4-18 所示。

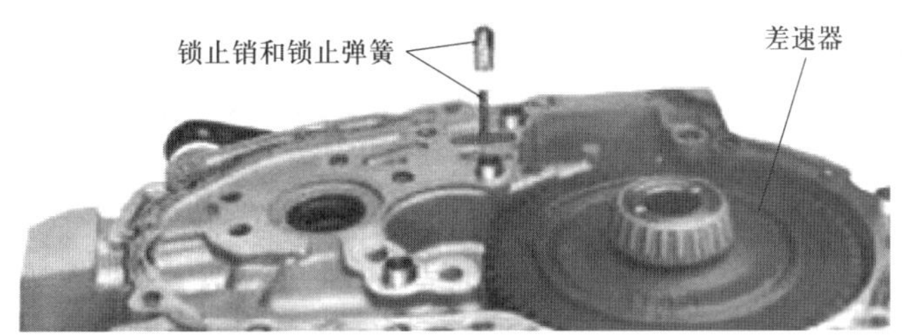

图 1-4-18　拆卸差速器步骤 2

三、手动变速器的检修

1．输入轴和输出轴的检修

（1）检查输入轴和输出轴。输入轴和输出轴不应有裂纹，轴颈及花键不应有严重磨损，轴上的齿轮不应有断齿和严重磨损，否则应＿更换＿。

（2）用＿游标卡尺＿测量输出轴凸缘厚度，如图 1-4-19 所示，输出轴凸缘磨损量不应超过标准值。

图 1-4-19　测量输出轴凸缘厚度

（3）用游标卡尺测量输出轴内座圈外径，如图 1–4–20 所示，输出轴内座圈磨损量不应超过标准值。

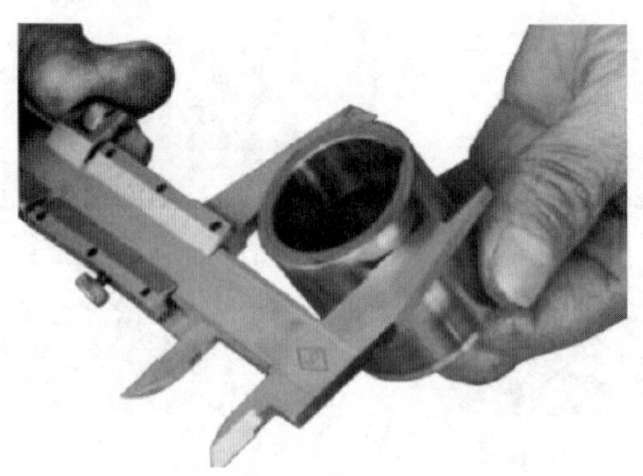

图 1–4–20 测量输出轴内座圈外径

（4）用外径千分尺检查各轴的轴径，如图 1–4–21 所示，如果超过极限值应＿更换＿。

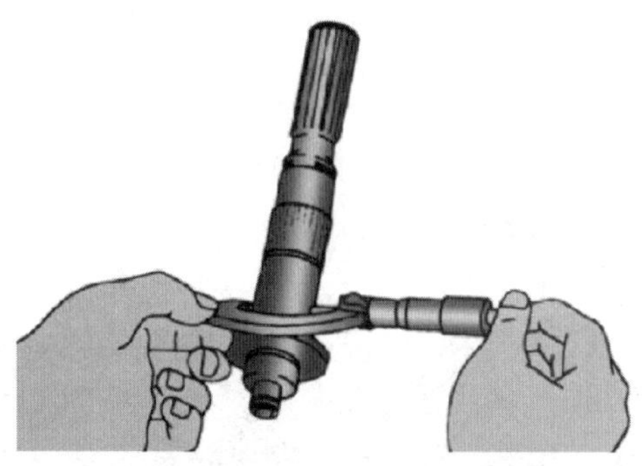

图 1–4–21 测量各轴的轴径

（5）用百分表测量各轴的＿径向跳动＿，如图 1–4–22 所示，如果超过极限值应更换。

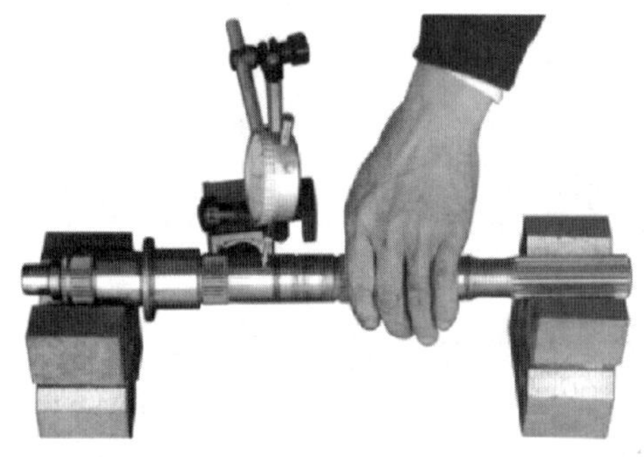

图 1–4–22 测量各轴的径向跳动

2．各挡齿圈的检修

（1）用目视法检查

观察齿轮轮齿有无裂纹、打坏、齿面剥落、齿端毛刺或剥落。若齿面有轻微斑点，或边缘有破损，在不影响质量的情况下可用油石修磨。

（2）用专用测量工具检查

可使用塞尺、百分表等量具测量同步器环与各挡齿轮之间的游隙，如图 1–4–23、图 1–4–24 所示。

图 1-4-23　测量同步器环游隙

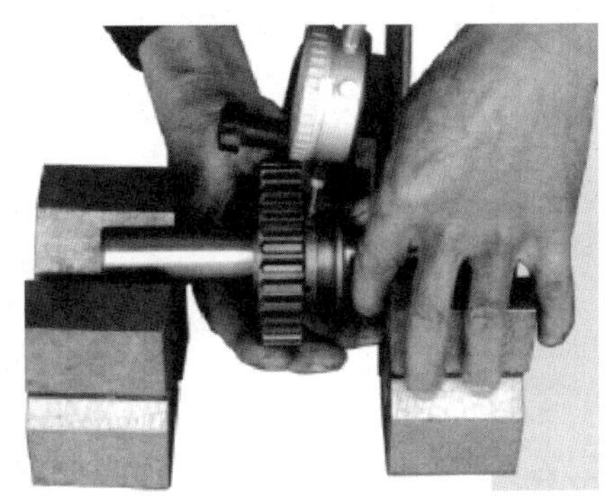

图 1-4-24　测量换挡齿轮游隙

（3）检查同步器齿毂的花键部位与同步器滑块的滑槽

检查同步器齿毂的花键部位与同步器滑块的滑槽是否损坏或磨损。把齿毂装配到齿套内，检查齿毂和齿套在上、下方向是否过松，齿毂、齿套是否歪斜，如图 1-4-25 所示。

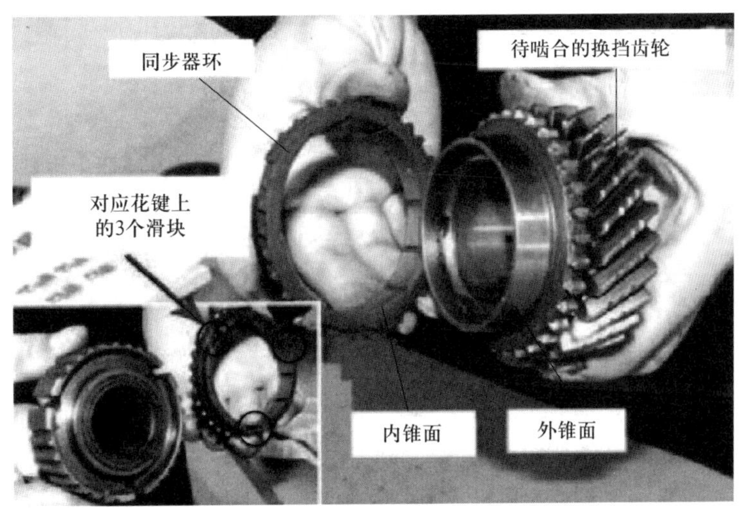

图 1-4-25　检查同步器齿毂的花键部位与同步器滑块的滑槽

（4）检查同步器滑块和弹簧

检查同步器滑块和弹簧的磨损情况，若超过极限值应更换，如图 1-4-26 所示。

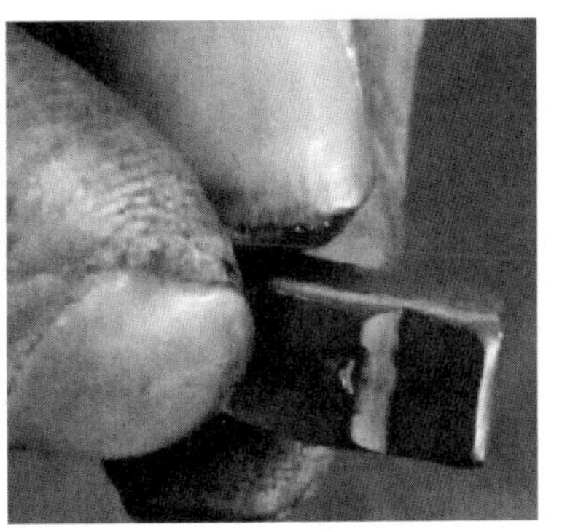

图 1-4-26　检查同步器滑块和弹簧

（5）用塞尺测量齿轮各部位的端隙

用塞尺测量齿轮各部位的端隙是否符合要求，如果超过极限值应更换，如图 1-4-27 所示。

图 1-4-27 用塞尺测量齿轮的端隙

3．操纵横杆的检修

（1）检查变速器横杆有无变形

检查拨动外横杆时有无发卡，横杆轴与锁紧螺栓及锁紧钢丝能否锁紧，若发卡或不能锁紧，应更换外横杆或钢丝，若外横杆变形，可__校正__修复。

（2）检查磨损情况

若变速器外横杆轴与衬套磨损严重，应更换。

4．变速叉与变速叉轴的检修

变速叉的损坏表现为变速叉弯曲和扭曲、变速叉上端导动块及下端端面磨薄或磨成沟槽，影响齿轮正常啮合，导致“变速器跳挡”故障。变速叉弯扭后，可用敲击法校正。导动块和端面磨损严重，应进行焊修或更换。变速叉轴弯曲，锁销、定位球磨损，定位弹簧变软和折断均会引起“变速器跳挡”。

四、手动变速器的装配

1．换挡杆的安装

换挡杆的安装按照与拆卸相反的顺序进行，注意以下事项：检查确认所有零件是否完好，更换已经损坏的零件；润滑衬套和挡圈；调整上换挡杆；用快干胶固定换挡手柄。

2．换挡杆支架的安装

（1）用润滑脂润滑换挡杆支架内的部件，装上换挡杆支架，不用旋紧螺栓，将换挡杆支架上的孔与变速操纵机构罩壳上的孔对准，用 10 N·m 的力矩拧紧螺栓。

（2）装上弹簧挡圈和新的锁圈。

（3）检查各挡的啮合情况。

（4）装上防尘罩和手柄。

3．装配注意事项

（1）装配前，必须认真清洗零件，除去污物、毛刺和铁屑等，尤其要确保各润滑油孔畅通。

（2）装配各轴承及键槽时，应用质量优良的润滑油进行预润滑。修理总成时，应更换所有滚针轴承。

（3）不能用硬金属直接锤击零件的工作表面，防止损坏零部件。

（4）注意同步器锁环或锥环的装配位置。装配过程中，如果有旧件应原位装复。为此，在变速器解体时，应对同步器各元件做好装配记号，以免装错。

（5）组装中间轴和第二轴时，应注意各挡齿轮、同步器花键毂、推力垫圈的方向及位置，以保证齿轮的正确啮合位置。

（6）安装第一轴、第二轴及中间轴的轴承时，只许用压套垂直压在内圈上，禁止施加冲击载荷，轴承内圈圆角较大的一侧必须朝向齿轮。

（7）装入油封前，需在油封的刃口处涂抹少量润滑脂，要垂直压入，并注意安装方向。

（8）变速器装配后，要检查各齿轮的轴向间隙和各齿轮副的啮合间隙及啮合印痕。

（9）装配密封衬垫时，应在密封衬垫的两侧涂抹密封胶，确保密封效果。

（10）安装变速器盖时，各齿轮和拨叉均应处于空挡位置。必要时，可分别检查各个常用挡的齿轮副是否处于全齿长接合位置。

（11）按规定的力矩拧紧变速器上的全部螺栓。

五、手动变速器常见故障原因

查阅资料，在表 1–4–3 中写出汽车手动变速器常见故障可能的故障原因。

表 1–4–3　　手动变速器常见故障原因

故障现象	可能的故障原因
变速器漏油：变速器周围出现齿轮润滑油，变速器齿轮箱的油量减少	（1）油液加注过多 （2）壳体破裂 （3）密封衬垫变形或损坏 （4）放油螺塞松动或滑扣 （5）加油螺塞松动或滑扣 （6）变速器的通气孔堵塞，使变速器内压力增加、温度升高，造成各密封部位渗漏 （7）变速器盖、轴承盖固定螺钉松动
变速器异响：变速器工作时发出不正常声响，如金属的干摩擦声、不均匀的碰撞声等	（1）轴承磨损及损坏。当轴承磨损时，间隙就增大，配合精度就降低；当轴承损坏时，由于轴承不能正常运转便会产生异常声音 （2）变速器外壳螺栓松动 （3）手动变速器中变速杆与变速拨叉凹槽松旷 （4）自动变速器油长期不更换，从而加剧机械零件磨损导致异响 （5）使用劣质自动变速器油，因为劣质变速器油抗温能力差，容易产生氧化，产生油泥和油渣，堵塞滤网和油道，造成自动变速器内部元件摩擦增大，导致车辆出现异响 （6）齿轮啮合间隙正常，变速元件磨损或更换时选用零件精度过低，造成配合间隙过大 （7）装配时齿轮间隙过紧 （8）齿轮齿面金属剥落，齿牙断裂，装配错位 （9）润滑油不足造成润滑不良 （10）变速器进水，没有及时维修，诱发变速器异响问题

续表

故障现象	可能的故障原因
变速器跳挡：汽车在加速、减速、爬坡或汽车剧烈振动时，变速杆自动跳回空挡位置	（1）自锁装置的凹槽和钢球磨损严重或自锁弹簧疲劳而折断 （2）换挡拨叉及拨叉轴磨损严重，换挡拨叉与拨叉槽配合间隙过大 （3）换挡拨叉及拨叉轴弯曲变形严重 （4）换挡齿轮、齿圈或齿套，在啮合位置沿齿长方向磨损形成锥形 （5）变速器轴与轴承磨损松旷，壳体变形，啮合齿轮的轴线不平行 （6）滑动齿轮与轴的花键磨损严重，配合间隙过大 （7）变速器轴轴向间隙过大
变速器乱挡：在离合器技术状况正常的情况下，变速器同时挂上两个挡，或在挂所需要挡位时挂入别的挡位	（1）互锁装置失效：如拨叉轴、互锁销或互锁钢球磨损严重等 （2）变速杆下端弧形工作面磨损过大或拨叉轴上拨块的凹槽磨损过大 （3）变速杆球头定位销折断或球孔、球头磨损过大造成配合松旷

六、学习过程评价

学习过程评价见表 1–4–4。

表 1–4–4　　学习过程评价表

班级		姓名		学号		日期	年　月　日
序号	评价要点				配分	得分	总评
1	能正确识读和填写工作页，明确学习活动要求				10		A □（86 ~ 100） B □（76 ~ 85） C □（60 ~ 75） D □（60 以下）
2	能查阅资料，写出手动变速器的组成及主要零部件的作用				10		
3	能按照规范拆解手动变速器				10		
4	能按照规范检修手动变速器主要零部件				20		
5	能按照规范装配手动变速器				10		
6	能查阅资料，写出手动变速器常见故障原因				10		
7	能遵守劳动纪律，以积极的态度接受工作任务				10		
8	能积极参与小组讨论，具有团队合作精神				10		
9	能及时完成教师布置的任务				10		
总　分					100		
小结建议							

学习活动 5　工作总结与评价

学习目标

1. 能以小组形式对学习过程和成果进行总结。
2. 能完成对学习过程的综合评价。

建议学时：2 学时。

学习过程

一、工作总结

按照世界技能大赛的要求，参赛选手应具有一定的组织规划能力和沟通、创新能力，这些能力在实际生产工作中是十分必要的。以小组为单位，选择演示文稿、展板、海报、视频等形式中的一种或几种，向全班展示、汇报学习成果。

二、综合评价

针对本任务的学习情况，根据表 1–5–1 所列综合评价标准进行评分。

表 1–5–1　综合评价标准

评价项目	评价内容及标准	配分	评分		
			自我评价	小组评价	教师评价
工作组织和管理	团队合作，合理计划，高效管理时间	3			
	定期检查工作进展和效果	3			
	保证高质量完成工作	4			
沟通能力	深度咨询客户，完全理解其要求	10			
	提供明确说明，准确回答客户疑问	10			
计划创新能力	及时处理工作中遇到的问题	10			
	提出创新性、可行性建议，提高客户满意度	10			

续表

评价项目	评价内容及标准	配分	评分		
			自我评价	小组评价	教师评价
专业知识	具备汽车离合器与变速器的组成、作用、原理等知识	10			
	具备汽车挂挡困难故障检修知识	10			
实践能力	具备离合器踏板自由行程检测与调整技能	5			
	具备汽车离合器检修技能	10			
	具备汽车手动变速器操纵机构检修技能	5			
	具备汽车手动变速器传动机构检修技能	10			
学生姓名		综合评价得分			
指导教师		日期			

三、学习任务一整体评价

学习任务一整体评价见表 1–5–2。

表 1–5–2　学习任务一整体评价表

项目	自我评价			小组评价			教师评价		
	10～9 分	8～6 分	5～1 分	10～9 分	8～6 分	5～1 分	10～9 分	8～6 分	5～1 分
	占总评 10%			占总评 30%			占总评 60%		
学习活动 1									
学习活动 2									
学习活动 3									
学习活动 4									
学习活动 5									
纪律观念									
表达与分析能力									
工作态度									
任务总体表现									
小计分									
总评分									

世赛知识

世界技能大赛汽车喷漆项目介绍

汽车喷漆项目是指运用合适的技术和流程对汽车工件（金属件及塑料件等）上的损伤进行喷漆修复的竞赛项目，如修复翼子板划痕、车门损伤及保险杠损伤等。汽车喷漆项目主要考核选手以下技能：将汽车受损的工件，包括金属（镀锌钢板）件、塑料件，通过维修恢复至受损前状态的技能；在汽车工件上喷绘图案的技能；调色技能，选手需要使用正确剂量的色母调配色漆，喷涂试色板，检验所调颜色是否准确，然后微调颜色至与目标颜色一致。

我国选手蒋应成通过其精湛的汽车喷漆技能和拼搏奋斗的精神，获得第 44 届世界技能大赛汽车喷漆项目金牌（见图 1–5–1）。

图 1–5–1　第 44 届世界技能大赛汽车喷漆项目金牌获得者蒋应成

第 44 届世界技能大赛汽车喷漆项目比赛内容分为 5 个模块，即损伤区处理（占总分 20%）、喷中涂底漆（占总分 5%）、面漆前处理（占总分 20%）、调色（占总分 20%）和双工序面漆喷涂（占总分 35%）。

一、比赛要求

1．比赛顺序

实操比赛期间选手按组顺序滚动进行比赛。

2．比赛时间

单人作业时间合计 180 min。其中，损伤区处理 40 min，喷中涂底漆 20 min，面漆前处理 20 min，调色 60 min，双工序面漆喷涂 40 min。

3．名次排列规则

按总成绩由高到低排序，总成绩相同则实操成绩分数高的名次在前；总成绩相同且实操成绩也相同的，则 5 个实操模块总用时短的名次在前。

4．比赛专用油漆

使用艾仕得涂料公司施必快水性漆。

5．比赛作业工件

实操比赛现场提供新翼子板（已有电泳涂层）为比赛工件，统一制作损伤区。

损伤设置：工件为右前翼子板（东风本田思域 08 款原厂件），制作损伤直径为 5 cm 的损伤，损伤中心位于工件正中（见图 1-5-2）。

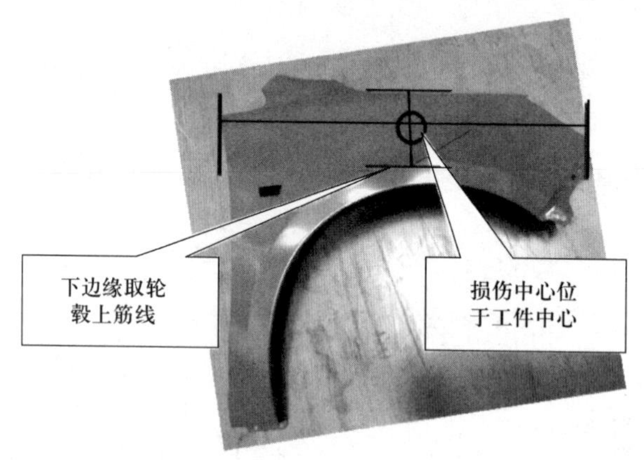

图 1-5-2　翼子板损伤位置图

二、考核要求

1．损伤区处理比赛要求

（1）在 40 min 的作业时间内完成损伤部位的羽状边打磨、原子灰刮涂和原子灰研磨。

（2）根据工艺要求对损伤位置打磨羽状边。

（3）根据工艺要求对损伤区施涂环氧底漆、刮涂原子灰并打磨至平整。

2．补涂防锈底漆、喷中涂底漆比赛要求

（1）在翼子板露金属区域补涂防锈底漆，整板喷涂中涂底漆。在 20 min 的作业时间内，对打磨后的露金属区域喷涂环氧底漆（自喷罐式）或涂抹环氧底漆（已调配好），整板喷涂双组分中涂底漆，中涂底漆用量（已添加好固化剂、稀释剂后的质量）不超过 150 g。

（2）选手需要选择并喷涂合适灰度的中涂底漆：根据颜色、配方选择合适灰度的中涂底漆，可从提供的两种灰度中涂底漆中直接选择，也可使用提供的两种灰度中涂底漆及一种调色色母调配出合适的其他灰度的中涂底漆（赛场提供调配不同灰度中涂底漆所需的配方）。

3．面漆前处理比赛要求

（1）打磨中涂底漆并清洁表面。

（2）在 20 min 的作业时间内完成中涂底漆研磨和工件表面清洁工作。

4．调色比赛要求

（1）在 60 min 的作业时间内完成底色漆调色作业。

（2）赛场为选手提供目标色板，并且为每位选手提供至少三块板、200 mL 有差异色的底色漆（未添加稀释剂）及使用此底色漆统一喷涂的色板。

（3）选手采用喷涂试色板的方法对比油漆与标准色板的差异合理添加色母，将颜色调整至与目标色板一致。

5．双工序面漆喷涂比赛要求

（1）喷涂银粉底色漆及清漆。

（2）在 40 min 的作业时间内完成银粉底色漆、清漆的喷涂作业。颜色必须喷涂至与标准板一致。清漆用量（已添加好固化剂、稀释剂后的质量）不超过 200 g。

三、主要工量具、耗材与设备

比赛使用的工量具、耗材与设备见表 1-5-3。

根据技术文件要求，自行确定所带工量具与设备的规格，提前一天交到组委会，经裁判组确定后封存。

表 1-5-3　汽车喷漆项目比赛使用的工量具、耗材与设备

序号	工具名称	型号及规格	数量	备注
1	吹尘枪			
2	原子灰调色板			
3	开罐器			
4	搅拌棒			
5	面漆喷枪	SATA jet 4000-120 Digital，口径：WSB		自带
6	免洗枪壶	SATA RPS 多功能免洗枪壶		
7	底漆喷枪	SATA jet 100 B F RP 1.6		自带
8	清漆喷枪	SATA jet 4000-110 Digital 1.3		自带
9	刮灰刀			自带
序号	量具名称	型号及规格	数量	备注
1	电子秤	精确到 0.1 g		可自带
序号	配件、辅料名称	型号及规格	数量	备注
1	除油剂容器	需要防溶剂，且喷头不易堵塞		
2	遮蔽纸架	带切纸架		
3	打磨场地气管	带快速接头，管长为 7 m（最好是 10 m），内径为 8 mm		
4	喷房用气管	带快速接头，管长为 7 m（最好是 10 m），内径为 8 mm		
5	打磨架			
6	喷涂架	多角度钣喷架		
7	防溶剂口罩	3M-7502（M）		自带
8	防尘口罩	耳带式（L）		自带

续表

序号	设备名称	型号及规格	数量	备注
1	干磨设备	费斯托干磨设备（含吸尘桶，配有偏心距为 3 mm 和 6 mm 的磨头、软管、手刨）		
2	调漆设备	nexa autocolor，配以必需的色母和足够的浆盖		
3	红外线烤灯	IRT 短波小型烤灯		
4	喷房	中大 ZD-S60		
5	烤房	中大 ZD-S60		
6	油水分离器	SATA 0/424		
7	喷涂专用油水分离器	SATA 0/444		
8	喷枪清洗机	SATA RCS 喷枪快速清洗机		
9	调色灯箱	标准光源对色灯箱		
10	小烤箱	油漆色样烘烤箱		
11	压缩空气气源	可同时供给 8 个工位		
12	快配色测色仪	分别测量目标色板与选手调色结果、喷涂结果的色差		

四、注意事项

1．参赛选手按车型以抽签方式决定比赛顺序，抽签号码作为参赛选手在比赛中唯一的身份标志。

2．参赛选手在比赛中不得随意退场，如果弃权需要在作业表上填写“弃权”字样并签名。

3．比赛前一天允许参赛选手参观场地并在规定地点熟悉仪器、设备和工量具。

4．参赛选手在比赛中发现仪器、设备和工量具出现故障，应向裁判人员报告，由裁判长决定是否终止比赛。

学习任务二　汽车行驶异响故障检修

学习目标

1. 能通过与客户交流、查阅相关维修技术资料等方式获取车辆信息。

2. 能根据任务要求制订合理的维修计划。

3. 能描述万向传动装置的安装位置、作用及组成。

4. 能识别驱动桥的主要组成部件，熟悉各部件的作用。

5. 能查找汽车维修手册，对万向传动装置进行拆装与检修。

6. 能查找汽车维修手册，对汽车驱动桥进行拆装、检查与调整。

7. 能根据维修计划，选择正确的检查和诊断设备进行检修。

8. 能对维修场地、设备进行日常维护和保养，按6S管理规定要求清理现场。

9. 能对相关资料、互联网资源进行检索，并完成维修工单、工作页的填写。

10. 能展示工作成果，进行任务评价，总结工作经验，优化检修方案。

11. 能在作业过程中严格按照企业操作规范操作，严格遵守安全生产制度、环保管理制度和从业人员职业道德，具有吃苦耐劳、爱岗敬业的工作态度和职业精神。

建议学时

20学时。

工作情境描述

近来，李先生发现自己的车辆（2007年款丰田凯美瑞，行驶里程为110 800 km）在行驶过程中有异常响声。经检查，车辆底盘有故障，异响可能来自万向传动装置或驱动桥，需要对该车底盘进行检修。汽车维修人员需要根据维修手册相关要求，在规定时间内，参照维修资料完成汽车万向传动装置和驱动桥的检查与零部件的更换工作，自检合格后交付班组长验收。

工作流程与活动

1．万向传动装置和驱动桥的认知（4 学时）

2．万向传动装置的拆装与检修（4 学时）

3．主减速器、差速器的检查与调整（8 学时）

4．工作总结与评价（4 学时）

思维导图

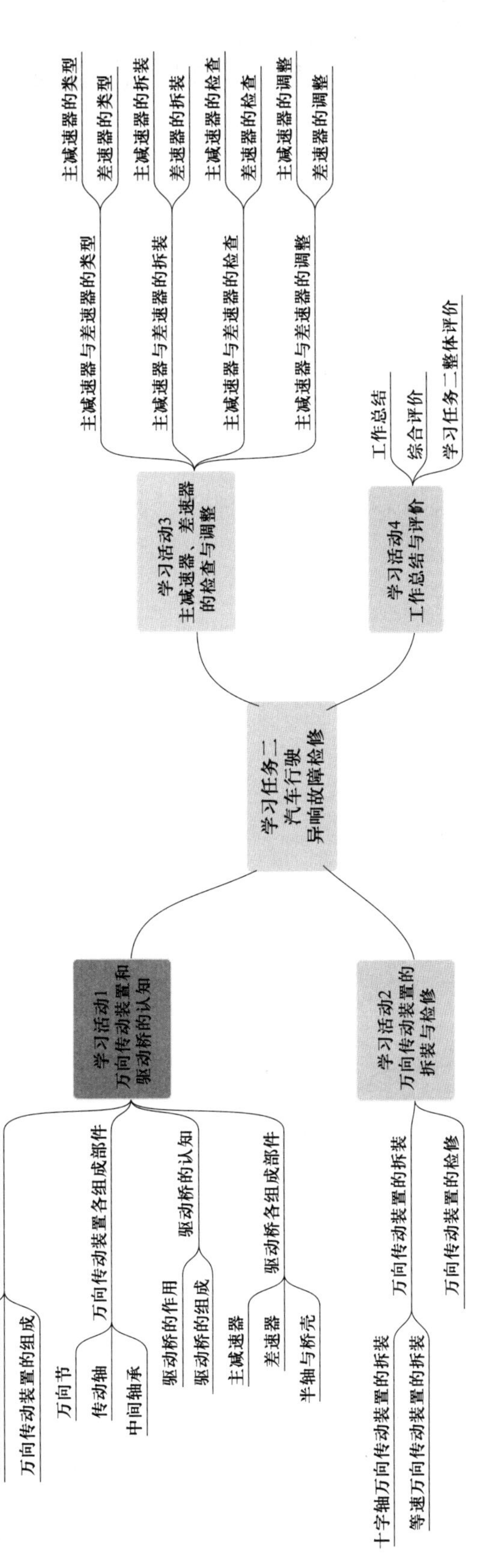

学习任务二 汽车行驶异响故障检修
学习活动1 万向传动装置和驱动桥的认知
万向传动装置的认知
万向传动装置的安装位置
万向传动装置的作用
万向传动装置的组成
万向传动装置各组成部件
万向节
传动轴
中间轴承
驱动桥的认知
驱动桥的作用
驱动桥的组成
驱动桥各组成部件
主减速器
差速器
半轴与桥壳
学习活动2 万向传动装置的拆装与检修
万向传动装置的拆装
十字轴万向传动装置的拆装
等速万向传动装置的拆装
万向传动装置的检修
学习活动3 主减速器、差速器的检查与调整
主减速器与差速器的类型
主减速器的类型
差速器的类型
主减速器与差速器的拆装
主减速器的拆装
差速器的拆装
主减速器与差速器的检查
主减速器的检查
差速器的检查
主减速器与差速器的调整
主减速器的调整
差速器的调整
学习活动4 工作总结与评价
工作总结
综合评价
学习任务二整体评价

学习活动 1　万向传动装置和驱动桥的认知

学习目标

1. 能描述万向传动装置的安装位置、组成及作用。
2. 能描述万向传动装置各部件的组成及构造。
3. 能描述驱动桥的组成及各组成部分的作用。

建议学时：4 学时。

学习过程

一、万向传动装置的认知

1．万向传动装置的安装位置

万向传动装置在底盘上的位置如图 2–1–1 所示，一般位于<u>变速器</u>（或分动器）与<u>驱动桥</u>之间。

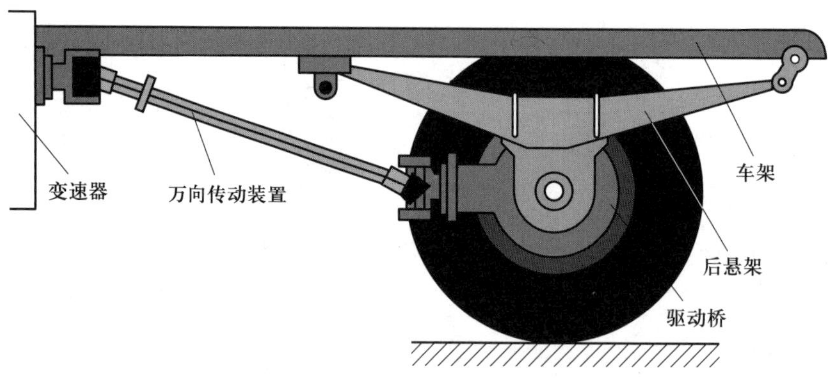

图 2–1–1　变速器与驱动桥之间的万向传动装置

2．万向传动装置的作用

万向传动装置的作用是保证<u>变速器</u>所输出的动力顺利地传到<u>驱动桥</u>上，使车辆在受到高低不平的路面冲击时，受到转向离心力等的作用时能够<u>可靠地传递动力</u>。

3．万向传动装置的组成

万向传动装置一般由传动轴、万向节和中间轴承组成，如图 2–1–2 所示，将万向传动装置各组成部件的名称填写完整。

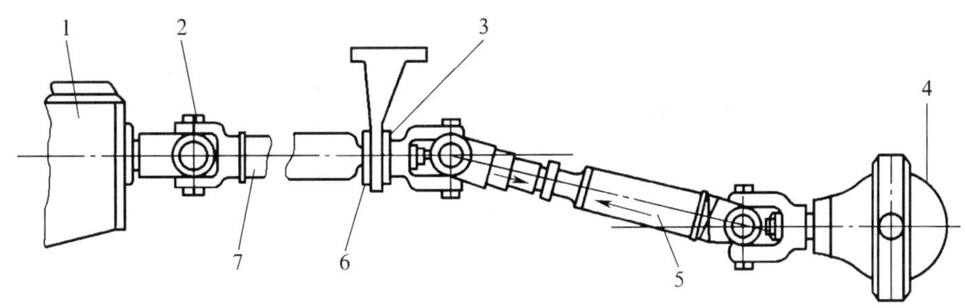

图 2–1–2　万向传动装置的组成

1—变速器　2—<u>万向节</u>　3—中间支撑　4—<u>驱动桥</u>　5、7—<u>传动轴</u>　6—轴承

二、万向传动装置各组成部件

1．万向节

（1）球笼式等速万向节的组成

球笼式等速万向节主要由星形套、球笼、球形壳、钢球等部分组成。星形套和球形壳的表面各有六条凹槽，形成六条滚道。六个钢球分别装于六条滚道中，用球笼使之保持在一个平面内，并处于两轴线夹角的平分线上，从而实现等速传动。如图 2–1–3 所示，将球笼式等速万向节各组成部件的名称填写完整。

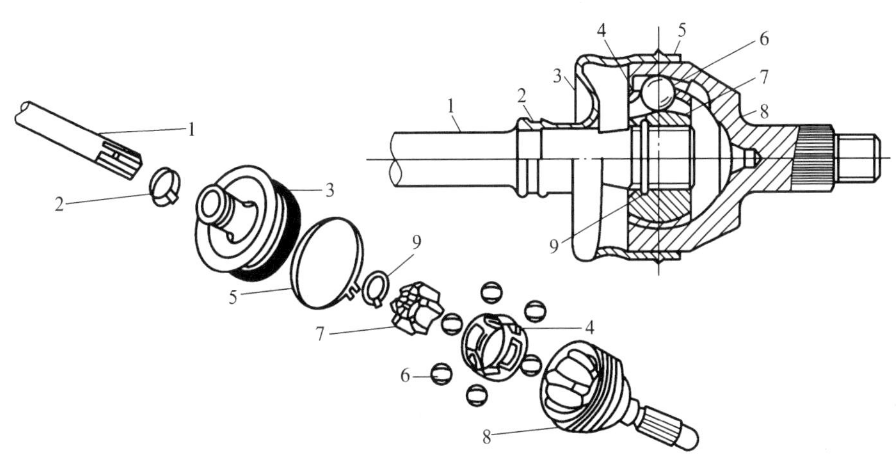

图 2–1–3　球笼式等速万向节的组成

1—中段半轴　2、5—钢带箍　3—外罩　4—<u>球笼</u>（钢球保持架）6—<u>钢球</u>

7—<u>星形套</u>（内滚道）8—<u>球形壳</u>（外滚道）9—卡环

（2）万向节的类型

按扭转方向上是否有明显的弹性，万向节可分为刚性万向节和挠性万向节两种，汽车上应用较多的是刚性万向节。刚性万向节根据结构不同，又可分为<u>不等速万向节</u>、<u>准等速万向节</u>和<u>等速万向节</u>三种，如图 2–1–4、图 2–1–5、图 2–1–6 所示。

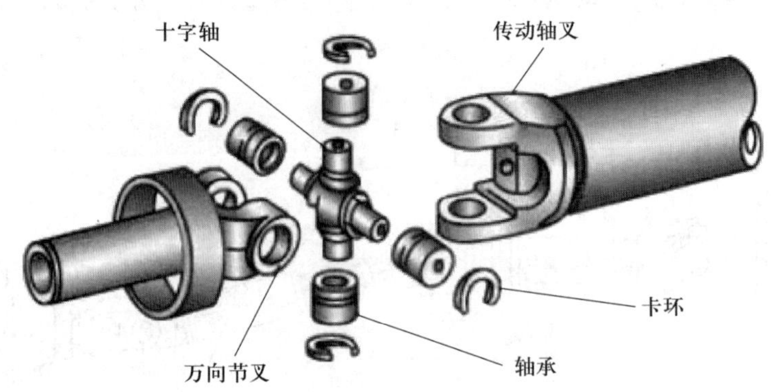

图 2-1-4　不等速万向节

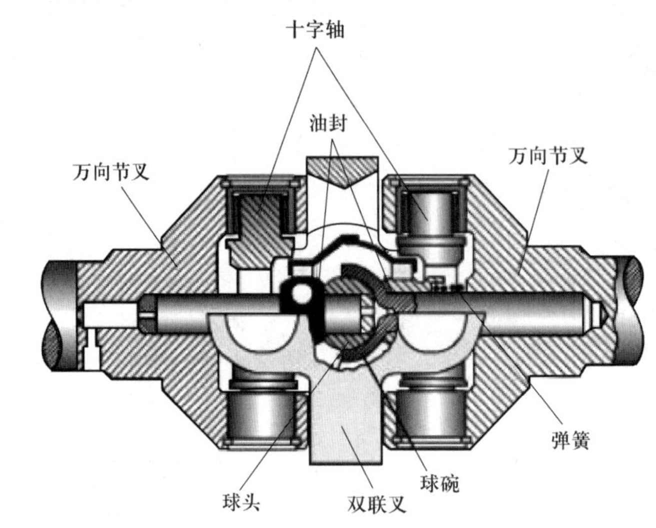

图 2-1-5　准等速万向节

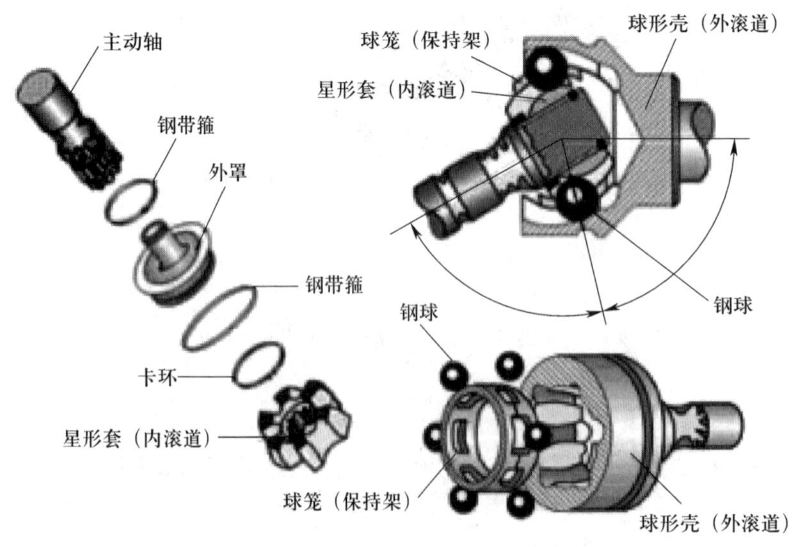

图 2-1-6　等速万向节

刚性万向节的类型、特点及应用场合见表 2–1–1，查阅资料，将表格填写完整。

表 2–1–1　　刚性万向节的类型、特点及应用场合

类型	不等速万向节	准等速万向节	等速万向节
特点	万向节连接的两轴夹角大于零时，输出轴与输入轴之间以变化的瞬时角速度传递运动，但其平均角速度相等	在设计的角度下以相等的瞬时角速度传递运动，而在其他角度下以近似相等的瞬时角速度传递运动	万向节所连接的输出轴与输入轴以始终相等的瞬时角速度传递运动
应用场合	主要用于<u>后</u>轮驱动的车轮传动装置中	用于<u>转向驱动</u>桥，但必须在结构上保证双联式万向节中心位于主销轴线与半轴轴线的交点处，可以没有分度机构，以保证等速传动	主要用于转向驱动桥、断开式驱动桥等车轮传动装置中

2．传动轴

（1）传动轴的构造

汽车的传动轴（又称半轴）为实心轴，在行驶过程中，<u>差速器轴</u>与<u>驱动轮轴</u>的相对位置经常变化。为了避免产生<u>运转干涉</u>，在传动轴的两端设有一个<u>花键轴</u>，以便与万向节中的<u>内花键</u>配合，从而使传动轴的长度能随<u>传动距离</u>的变化而<u>伸缩</u>。

（2）传动轴的作用

一是把差速器的动力传给<u>驱动轮</u>；二是传动轴必须能在差速器轴与驱动轮轴之间的夹角<u>变化</u>的情况下运转自如，并能可靠地传递<u>动力</u>；三是传动轴必须能在差速器轴与驱动轮轴之间的<u>距离</u>变化的情况下也能运转自如，并能可靠地传递动力。

3．中间轴承

（1）中间轴承的组成

图 2–1–7 所示为汽车中间轴承，一般由轴承、轴承支架、轴承座、轴承外圈与支架孔之间的弹性缓冲圈和带油封的轴承盖组成。将图 2–1–7 图注中各组成部件的名称填写完整。

（2）中间轴承的作用

当传动距离较远时，为了避免因传动轴过长而使传动轴的自有振动频率降低，高速时产生共振，将传动轴分为两段，前段称为<u>中间传动轴</u>，并采用中间轴承予以支撑，从而使中间轴的轴线与变速器轴线一致，使中间轴与变速器轴等速。中间轴承通常安装在车架横梁上。另外，中间轴承还可以补偿传动轴轴向和角度方向上的<u>安装误差</u>，以及汽车行驶过程中由于发动机前后窜动或车架变形等引起的<u>位移</u>。

三、驱动桥的认知

1．驱动桥的作用

驱动桥的作用是将<u>万向传动装置</u>（或变速器）传来的动力经<u>降速增扭</u>、改变动力传递方向（发动机纵置时）后，分配到左右<u>驱动轮</u>，使汽车行驶，并允许左右<u>驱动轮</u>以不同的转速旋转。

a)

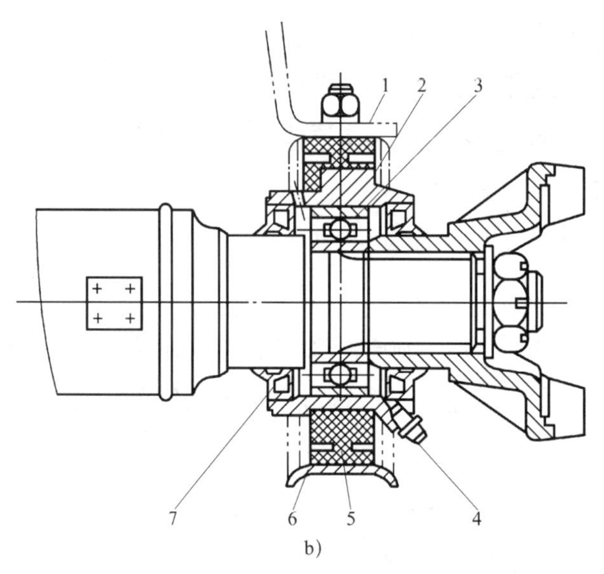

b)

图 2-1-7 汽车中间轴承

a）实物图 b）结构图

1—车架横梁 2—轴承座 3—轴承 4—注油嘴

5—蜂窝形橡胶垫 6—U形支架 7—油封

2．驱动桥的组成

整体式驱动桥的结构示意图如图 2-1-8 所示，将图注中各组成部件的名称填写完整。驱动桥是传动系统的最后一个总成，它由主减速器、差速器、半轴和桥壳等组成，实物如图 2-1-9 所示。

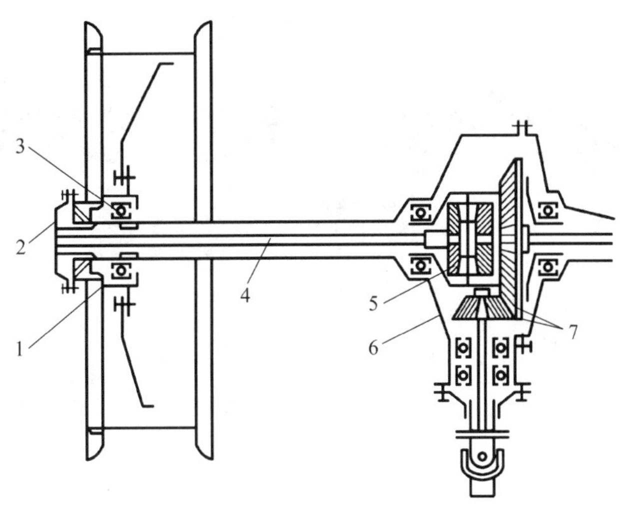

图 2-1-8　整体式驱动桥的结构示意图

1—轮毂　2—凸缘　3—轴承　4—<u>半轴</u>　5—<u>差速器</u>　6—<u>驱动桥壳</u>　7—<u>主减速器</u>

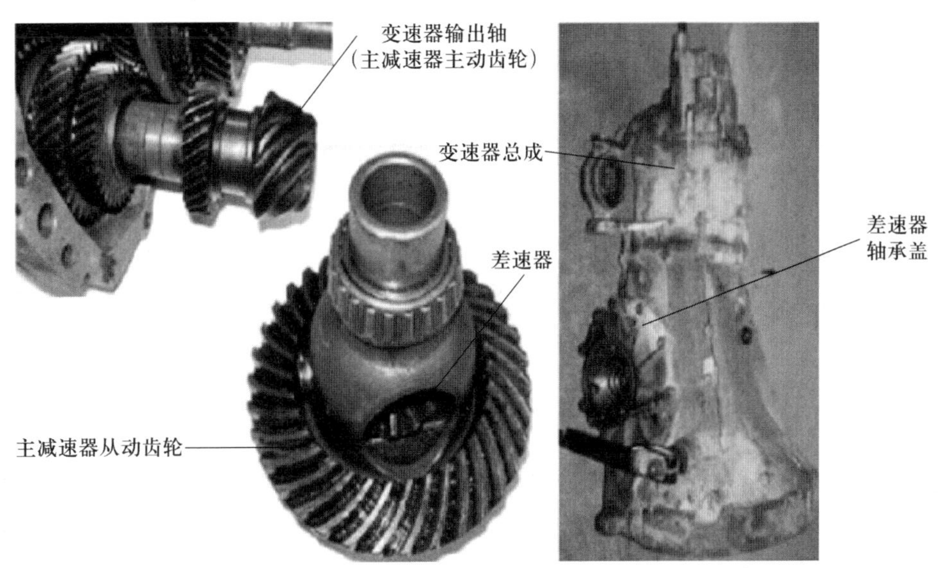

图 2-1-9　驱动桥总成实物图

四、驱动桥各组成部件

1．主减速器

（1）主减速器的作用

主减速器的作用是将输入的转矩<u>增大</u>，转速<u>降低</u>，并将动力传递方向<u>改变</u>（发动机横置的除外）后传给<u>差速器</u>。

（2）主减速比

主减速比（又称主传动比）是主动齿轮的转速与从动齿轮的转速之比，即从动锥齿轮与主动锥齿轮齿数之比，用 i 表示，如图 2-1-10 所示。

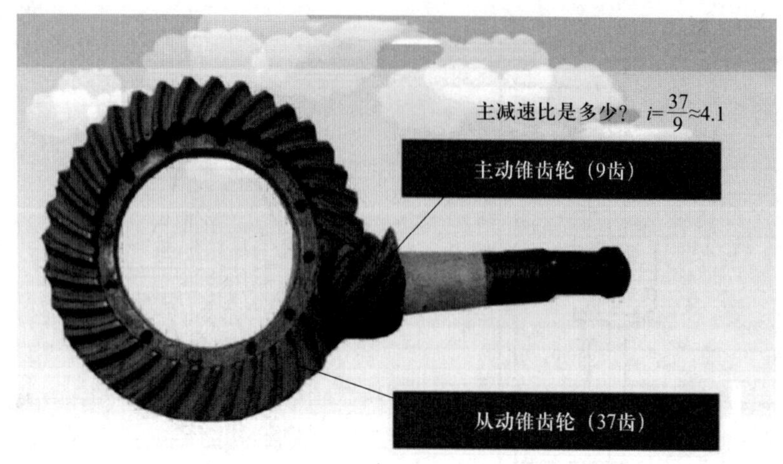

图 2-1-10　主减速比

主减速比的公式如下：

$$i=\frac{\text{从动锥齿轮齿数}}{\text{主动锥齿轮齿数}}$$

主减速器的主减速比对汽车的动力性能和燃料经济性有较大的影响。一般来说，主减速比越大，加速性能和爬坡能力越强，而燃料经济性较差。但如果主减速比过大，则不能发挥发动机的全部功率而达到应有的车速。主减速比越小，最高车速较高，燃料经济性较好，但加速性能和爬坡能力较差。

一般来说，汽油机型的轿车选用的主减速比较大，例如，奥迪 A6 2.8 型轿车的主减速比为 4.778，一方面可以弥补汽油机扭矩小的问题，在加速时获得较好的性能，另一方面靠汽油机的高转速也能达到相当高的车速。

对于柴油机型的车辆来说，选用的主减速比较小。这样，一方面可以利用柴油机低速扭矩大的特点，获得较好的加速性能，另一方面又可以弥补柴油机转速不高的问题，从而达到较高的车速。

所以，主减速比的选择与汽车的类型、用途、发动机功率、变速器的传动比范围有直接关系。

2．差速器

（1）差速器的作用

差速器的作用是将主减速器传来的动力传给左、右半轴，并在必要时允许左、右半轴以不同的速度旋转，以满足两侧驱动轮在转向时能以不同的转速运转。

（2）差速器的组成

差速器主要由差速器壳、半轴齿轮、十字轴、行星齿轮等组成，如图 2-1-11 所示。

3．半轴与桥壳

（1）半轴的作用

半轴的作用是将差速器传来的动力传给驱动轮。

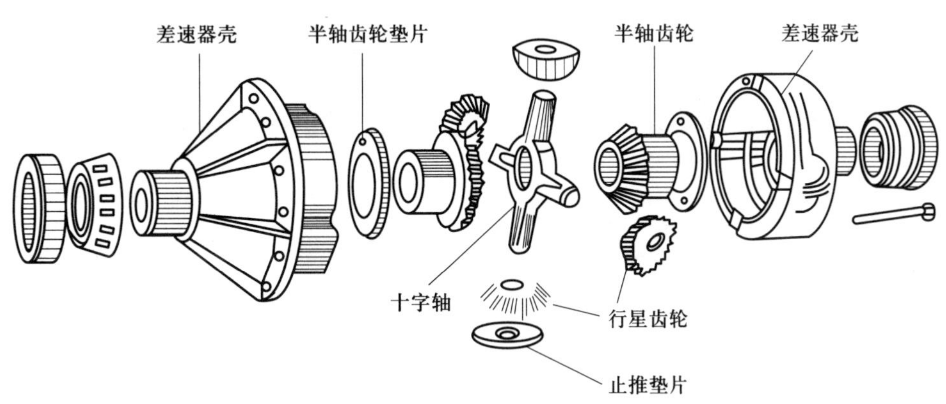

图 2-1-11　差速器的组成

（2）桥壳的作用

桥壳用来安装主减速器、悬架和车轮的轮毂，承受悬架传来的车身重力和车轮传来的支撑力等。

五、学习过程评价

学习过程评价见表 2-1-2。

表 2-1-2　学习过程评价表

班级		姓名		学号		日期	年　月　日
序号	评价要点				配分	得分	总评
1	能正确识读和填写工作页，明确学习活动要求				10		A □（86～100） B □（76～85） C □（60～75） D □（60 以下）
2	能查阅资料，描述汽车万向传动装置的安装位置、作用及组成				10		
3	能查阅资料，描述万向节的组成及类型				10		
4	能查阅资料，描述传动轴和中间轴承的作用及组成				10		
5	能查阅资料，描述汽车驱动桥的作用及组成				10		
6	能查阅资料，描述主减速器的作用及主减速比的定义				10		
7	能查阅资料，描述差速器、半桥与桥壳的作用				10		
8	能遵守劳动纪律，以积极的态度接受工作任务				10		
9	能积极参与小组讨论，具有团队合作精神				10		
10	能及时完成教师布置的任务				10		
总　分					100		
小结建议							

学习活动 2　万向传动装置的拆装与检修

学习目标

1. 能按照规范完成万向传动装置的拆装。

2. 能按照规范完成万向传动装置各主要零部件的检修。

建议学时：4 学时。

学习过程

一、万向传动装置的拆装

1．十字轴万向传动装置的拆装

（1）万向传动装置的拆装注意事项

1）拆卸前，应先检查传动轴末端＿凸缘盘＿与主减速器凸缘盘标记，如果无标记，应先做好标记再拆卸，以保证传动轴的动平衡。

2）分解传动轴总成时，要先在两个＿万向节叉＿上做好标记再拆卸，在装配时原位装回，以保证传动轴的＿动平衡＿。

3）传动轴表面带有方形凸块的是＿平衡块＿，在拆装时注意不要碰掉，如果不慎掉落，要重新对传动轴进行动平衡。

4）为保证再装配后十字轴轴承的配合精度，拆卸十字轴轴承之前要做好标记，并原位装回。

5）零件拆卸后应使用清洁的＿煤油＿彻底清洗，清洗后用压缩空气吹干。

6）如果十字轴带油盅，则安装万向节十字轴时，应使十字轴上的油盅朝向传动轴，以便在维护时加注＿润滑脂＿。

（2）万向传动装置的分解

1）用＿举升器＿举升车辆至合适位置。

2）检查＿传动轴＿末端凸缘盘与主减速器凸缘盘标记，如果无标记要做好标记后再拆卸。

3）从传动轴后端与主减速器凸缘盘的连接处开始，将凸缘盘的连接螺栓拆下，如图 2–2–1 所示，然后将滑动叉组件从变速器输出轴拉出，取下传动轴总成。

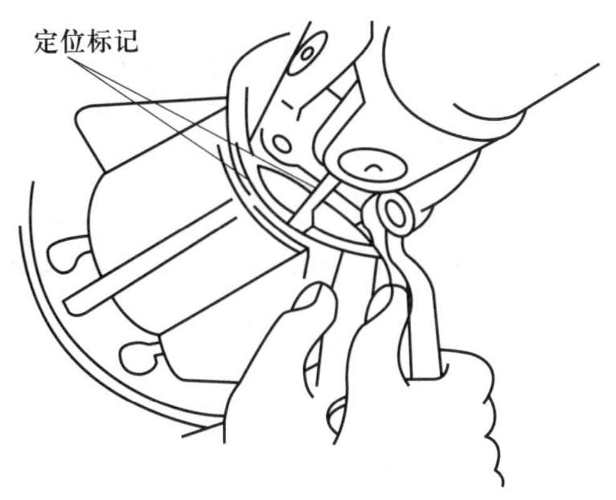

图 2–2–1 拆下连接螺栓

4）分解传动轴总成：先在万向节的两个传动叉上分别做好标记，再拆下__十字轴卡簧__，用锤子轻击__凸缘盘__，将凸缘叉内的__十字轴轴承套__振出，如图 2–2–2 所示。

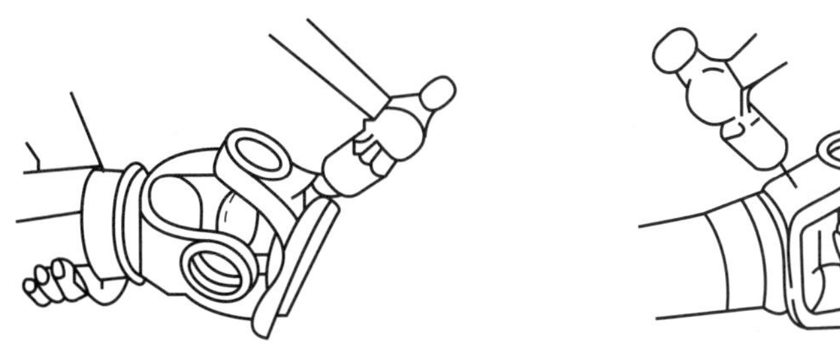

图 2–2–2 拆卸传动叉

5）在每个十字轴轴颈和轴承套上做好装配标记，将同组的滚针和轴承套单独存放。

（3）万向传动装置的装配

1）用清洁的__煤油__清洗零件，并用压缩空气吹干。

2）核对万向节两个传动叉之间和十字轴轴承套与十字轴之间的装配标记。

3）组装__后端__万向节。对齐凸缘叉与传动轴的标记，如图 2–2–3 所示。

4）传动轴总成装车：检查传动轴末端凸缘盘与主减速器凸缘盘标记，检查变速器输出轴油封，如果老化、损坏应__更换油封__。

5）将汽车降至地面。

2．等速万向传动装置的拆装

（1）万向传动装置的拆卸

1）在车轮着地时，拆下传动轴与轮毂的__紧固螺母__。

2）旋下可移动球形接头与下摆臂的紧固螺母，放下__下摆臂__，但要注意连接位置，并做好安装记号。

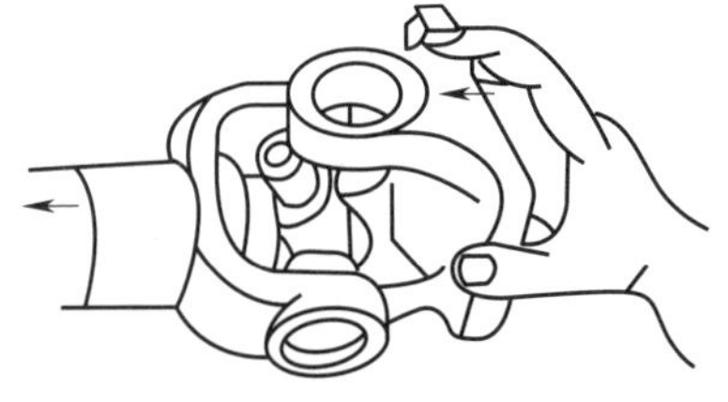

图 2–2–3 对齐凸缘叉与传动轴的标记

3）弄直__锁片__，旋下螺栓，从主减速器上的驱动凸缘盘上取下传动轴内端的等速万向节。

4）从车轮轴承内拉出万向传动装置。

注意：拆卸后必须装上一根代替的＿连接轴＿，避免损坏前轮总成。

（2）万向传动装置的分解

1）外万向节的拆卸：用＿钢锯＿将外万向节金属环锯开。取下＿防护罩＿，用锤子将外万向节从传动轴上敲下。用＿电蚀笔＿或＿油石＿在外万向节球笼和球形壳上标出星形套的位置。

2）内万向节（VL型球笼式等速万向节）的拆卸：拆卸卡环，然后用＿专用工具＿将内万向节从传动轴上压出。

3）外万向节的分解

①旋转球笼与星形套，依次取下＿6＿个钢球。

②用力转动球笼，直至球笼上的方孔（箭头所指部位）与球形壳垂直，连同＿星形套＿一起从球形壳中拆下。

③把星形套的＿扇形齿＿旋入球笼的方孔，然后从球笼中取下星形套。

4）内万向节的分解

①转动星形套与球笼，按箭头方向压出球笼和星形套，然后取出＿钢球＿。

②转动＿星形套＿，使其与球笼分开。

（3）万向传动装置的检查

1）检查内、外万向节各部件的磨损情况和装配间隙，一般酌情＿单件＿更换。

2）检查各＿卡箍＿有无松动，＿内外防尘罩＿有无裂纹，＿弹簧挡圈＿是否损坏。

3）万向节各球节处的6个钢球要求具有一定的＿配合公差＿，并与星形套一起成为一组配合件。

4）要检查＿内万向节＿球形套、球笼、壳体及钢球有无凹陷与磨损。

（4）万向传动装置的安装

1）外等速万向节的安装

①将规定润滑脂总量的＿一半＿（45 mg）注入万向节内。

②将球笼连同球壳一起装入球笼壳体，＿对角交替＿地压入钢球，必须保持球壳在球笼内以及球笼壳内的原有位置。

③将弹簧挡圈装入球毂，并将剩余的＿润滑脂＿压入万向节。

2）内等速万向节的安装

①对准＿凹槽＿，将球毂嵌入球笼。

②将钢球与球笼的球毂＿垂直＿装入壳体。安装时应注意：旋转之后，球笼壳上的宽间隙应对准球毂上的＿窄间隙＿，且球壳内径（花键齿）上的倒角必须对准球笼的大直径端。

③扭转球毂，这样球毂就能转出球笼，使球与壳体中的球槽配合（有足够间隙）。然后，用力压球笼（按箭头方向），使装有钢球的球毂完全转入球笼内。最后，检查万向节功能是否完好。

④如果用手能将钢球在＿轴向＿范围内来回灵活推动，表明该球笼壳组装正确。

3）内、外万向节与传动轴的组装

①外万向节与传动轴的连接

在传动轴上套上防护罩、碟形座圈；在球毂内放入新的＿弹簧挡圈＿（图 2-2-4 中的 1），用专用工具将其压入万向节，直至＿弹簧挡圈＿和＿碟形座圈＿（图 2-2-4 中的 3）装在与传动轴相配合的位置上，其安装位置如图 2-2-4 所示。将图 2-2-4 所缺的图注内容补充完整。

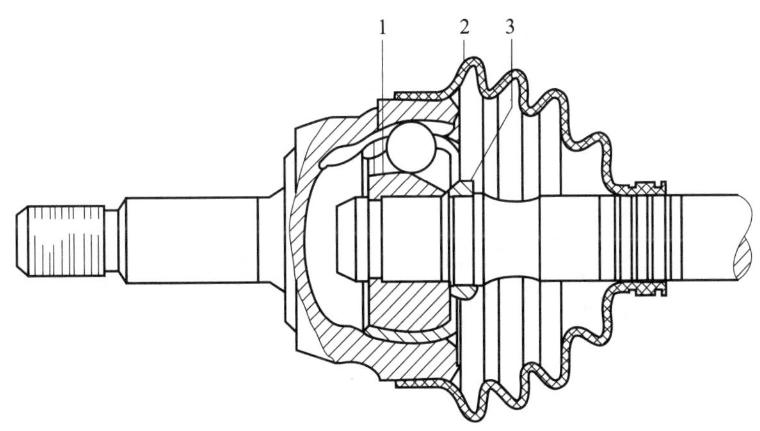

图 2-2-4　弹簧挡圈、碟形座圈和间隔圈的安装位置

1—＿弹簧挡圈＿　2—＿间隔圈＿　3—＿碟形座圈＿

②内万向节与传动轴的连接

以上述同样的方法，用专用工具压入内万向节，装上挡圈和密封垫片。

③防尘罩的安装

在万向节上安装防尘罩，由于防尘罩经常受到挤压，会在防尘罩内部产生＿真空＿，从而形成内吸的拆痕。因此，装配时在安装防尘罩小口径后要稍微充点气，使压力平衡，不致产生褶皱，然后夹紧软管箍或夹头。

4）传动轴总成的安装

装配前应擦净传动轴与轮毂花键上的油，去除防护剂的残留物，然后按下列步骤安装传动轴。

①在等速万向节上均匀地涂上一圈＿5＿mm 厚的防护剂 D6，然后装上传动轴花键套。注意：涂上防护剂 D6 后应停车＿1＿h 方可使用。

②将球形接头重新装配在原位置，并拧紧螺母，拧紧力矩为＿50＿N·m。

③必要时应检查前轮＿外倾角＿，在前悬架下臂上固定球形接头时，注意不要损坏波纹管护套。

④拧紧轮毂固定螺母，拧紧力矩为＿230＿N·m。

二、万向传动装置的检修

1．用清洁的＿煤油＿清洗所有零件。

2．检查十字轴＿油封＿是否损坏，若损坏应更换新件。

3．检查传动轴＿平衡块＿是否脱落，有无外伤变形，如果有脱落和变形，应重新做动平衡。

4．检查十字轴＿轴承＿表面、＿滚针＿表面的磨损情况，若有明显划伤、疲劳剥落、滚针破碎、轴承套配合表面有沟槽等情况，应整套更换轴承；若十字轴表面同时出现明显划痕、沟槽和疲劳剥落，应更换十字轴总成。

5．检查＿万向节叉＿表面是否有裂纹，叉孔是否有磨损、失圆，两叉孔中心线是否一致，若有严重磨损、失圆、两孔中心线不一致，均应更换新件。

6．检查传动轴＿径向＿圆跳动量，其最大圆跳动量不大于＿0.8＿mm。当超过极限值时，应在压床上进行＿冷压＿校正，如图 2-2-5 所示。

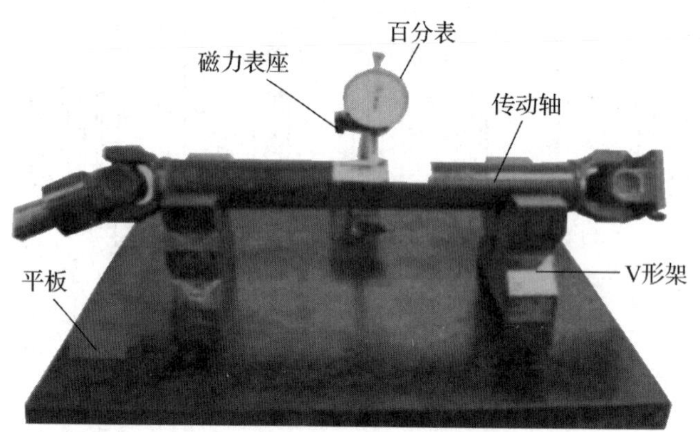

图 2-2-5　传动轴径向圆跳动量的检查

7．十字轴轴承配合间隙的检查如图 2-2-6 所示。

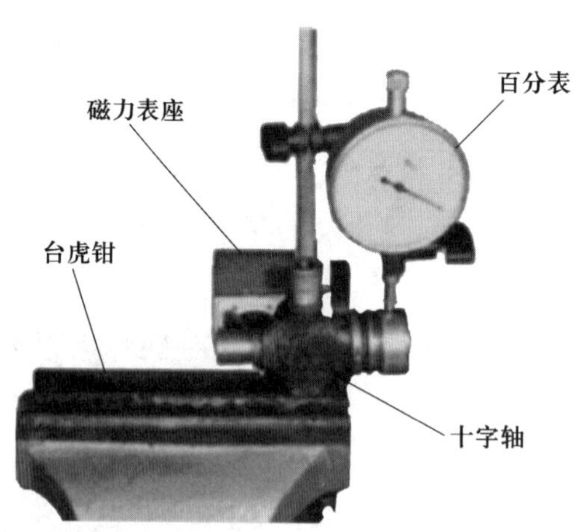

图 2-2-6　十字轴轴承配合间隙的检查

8．检查滑动叉花键副的配合间隙，一般不大于＿0.15＿mm，超过标准值时应更换新件。

9．检查滑动叉与＿变速器＿油封接合外表面是否有磨伤，不能保证密封时应更换油封。

三、学习过程评价

学习过程评价见表 2-2-1。

表 2-2-1　　学习过程评价表

<table>
<tr><td>班级</td><td></td><td>姓名</td><td></td><td>学号</td><td></td><td>日期</td><td>年　月　日</td></tr>
<tr><td>序号</td><td colspan="5">评价要点</td><td>配分</td><td>得分</td><td>总评</td></tr>
<tr><td>1</td><td colspan="5">能正确识读和填写工作页，明确学习活动要求</td><td>10</td><td></td><td rowspan="8">A □（86～100）
B □（76～85）
C □（60～75）
D □（60 以下）</td></tr>
<tr><td>2</td><td colspan="5">能按照规范完成十字轴万向传动装置的拆装</td><td>20</td><td></td></tr>
<tr><td>3</td><td colspan="5">能按照规范完成等速万向传动装置的拆装</td><td>20</td><td></td></tr>
<tr><td>4</td><td colspan="5">能按照规范完成万向传动装置的检修</td><td>20</td><td></td></tr>
<tr><td>5</td><td colspan="5">能遵守劳动纪律，以积极的态度接受工作任务</td><td>10</td><td></td></tr>
<tr><td>6</td><td colspan="5">能积极参与小组讨论，具有团队合作精神</td><td>10</td><td></td></tr>
<tr><td>7</td><td colspan="5">能及时完成教师布置的任务</td><td>10</td><td></td></tr>
<tr><td colspan="6">总　分</td><td>100</td><td></td></tr>
<tr><td>小结
建议</td><td colspan="8"></td></tr>
</table>

学习活动 3　主减速器、差速器的检查与调整

学习目标

1. 能描述主减速器与差速器的类型。
2. 能按照规范完成主减速器与差速器的拆装。
3. 能按照规范完成主减速器与差速器各主要零部件的检查。
4. 能按照规范完成主减速器与差速器的调整。

建议学时：8 学时。

学习过程

一、主减速器与差速器的类型

1．主减速器的类型

查阅资料，了解主减速器的类型，并将表 2-3-1 中的内容填写完整。

表 2-3-1　　主减速器的类型

分类方法	名称		特点及应用
按＿齿轮副＿数目分类	＿单级＿式		其结构简单、体积小、重量轻、传动效率高，一般用于＿轿车＿和轻中型货车
	双级式		适用于重型汽车、越野汽车、大型客车等
按主减速器＿传动比＿分类	＿单速＿式		其传动比是＿固定＿的
	双速式		有两种传动比供选择
按＿齿轮副＿结构形式分类	圆柱齿轮式		适用于发动机横置、＿前轮＿驱动的汽车
	圆锥齿轮式	曲线锥齿轮式	适用于发动机纵置的汽车
		＿准双曲面＿齿轮式	

2．差速器的类型

差速器按其用途可分为<u>轮间</u>差速器和<u>轴间</u>差速器两类。其中，<u>轮间</u>差速器装在同一驱动桥两侧驱动轮之间，而<u>轴间</u>差速器装在各驱动桥之间。

差速器按其工作特性可分为<u>齿轮式</u>差速器和<u>防滑式</u>差速器两类。其中，齿轮式差速器有<u>圆柱齿轮式</u>和<u>圆锥齿轮式</u>两种，<u>圆锥齿轮式</u>差速器结构简单、紧凑、工作平稳，因此应用最为广泛。

二、主减速器与差速器的拆装

1．主减速器的拆装

（1）主动锥齿轮和从动锥齿轮总成的拆卸

1）拆卸<u>变速器</u>，将其固定在支架上；拆下轴承支座和后盖。

2）取下<u>车速里程表</u>传感器，如图 2–3–1 所示。

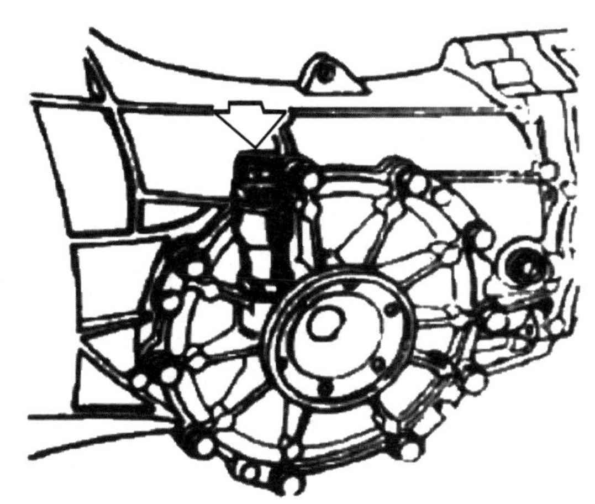

图 2–3–1　取下<u>车速里程表</u>传感器

3）锁住传动轴（半轴），拆下<u>紧固螺栓</u>，取下传动轴，如图 2–3–2 所示。

4）取下车速里程表的<u>主动齿轮</u>导向器和齿轮。

5）拆下<u>主减速器盖</u>，从变速器壳体上取下差速器，如图 2–3–3 所示。

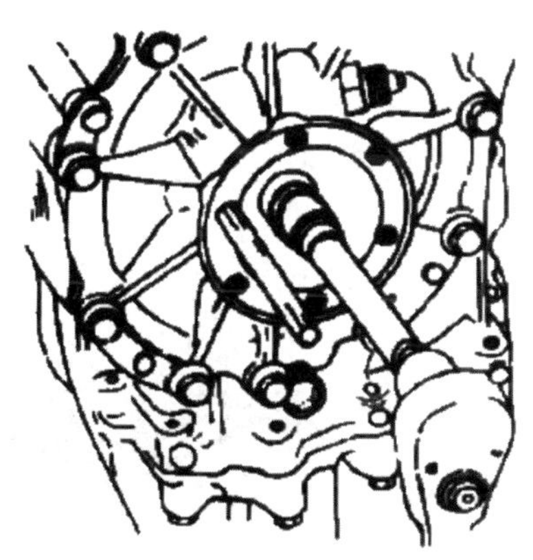

图 2–3–2　取下传动轴

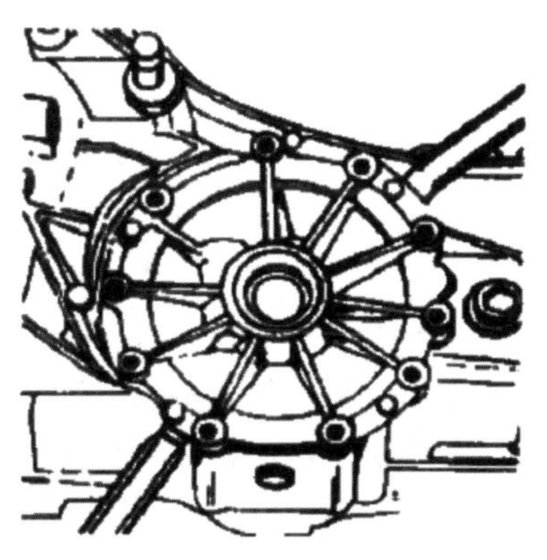

图 2–3–3　取下差速器

6）用铝质夹具将<u>差速器</u>壳固定在台虎钳上，拆下从动锥齿轮的紧固螺栓，如图 2–3–4 所示。

注意：从动锥齿轮的紧固螺栓是自动锁紧的，一经拆卸就必须更换。

7）取下从动锥齿轮。

8）拆下并分解变速器输出轴。仔细检查所有零件，尤其是<u>同步器环</u>和齿轮，损坏和磨损的零件应更换。

（2）主减速器的安装

1）在变速器<u>输出轴</u>上装上所有齿轮、轴承及同步器，计算输出轴的调整垫片 S3 的厚度。

2）如图 2–3–5 所示，给<u>从动锥齿轮</u>加热（120 ℃），并将其装在差速器壳上，安装时用两个螺纹销导向。

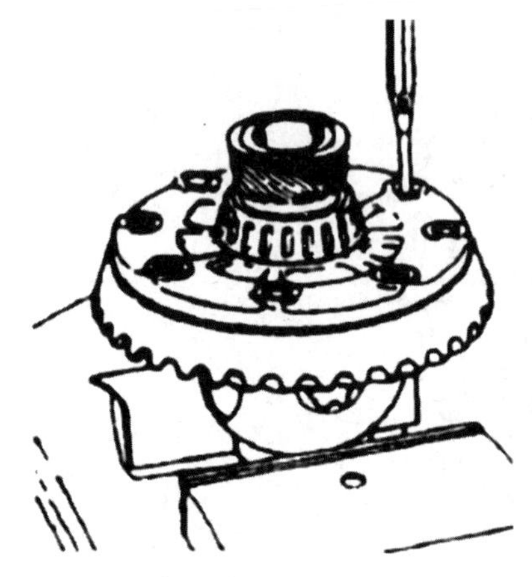

图 2–3–4　拆下从动锥齿轮的紧固螺栓

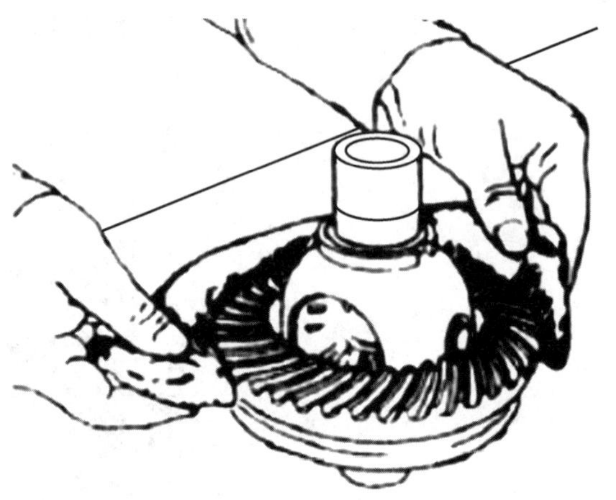

图 2–3–5　将<u>从动锥齿轮</u>装在差速器壳上

3）装上新的从动锥齿轮螺栓，并用<u>70</u>N · m 的力矩交替拧紧。

4）计算<u>从动锥齿轮</u>的调整垫片 S1 和 S2 的厚度，把计算好的垫片安装在适当位置上。

5）将轴承支座装在<u>变速器壳体</u>上，并使用新的衬垫；装上变速器后盖。

6）将<u>差速器</u>装在变速器壳体上；将主减速器盖装在壳体上，用<u>25</u>N · m 的力矩拧紧螺栓。

7）装上车速里程表的主动齿轮和导向器，装上传感器。

8）装上一个半轴凸缘，用凿子将其锁住，装上螺栓，用<u>20</u>N · m 的力矩拧紧；装上另一个半轴凸缘。

9）加注<u>齿轮</u>油并装上变速器。

2．差速器的拆装

（1）半轴齿轮和行星齿轮的拆卸

1）拆卸变速器、差速器和从动锥齿轮。

2）拆下行星齿轮轴的夹紧套筒，如图 2–3–6 所示。

3）取下行星齿轮轴，再取下行星齿轮和半轴齿轮。

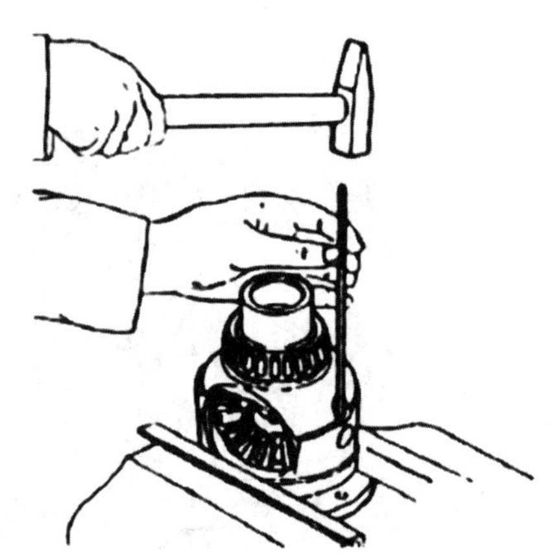

图 2–3–6　拆下行星齿轮轴的夹紧套筒

（2）半轴齿轮和行星齿轮的安装

在安装前，检查复合式 止推垫片 有无损坏，如果有应更换止推垫片。

1）通过半轴凸缘将 半轴齿轮 固定在差速器壳上，如图 2-3-7 所示。

2）将 行星齿轮 放在适当位置，转动半轴凸缘使行星齿轮进入差速器壳，如图 2-3-8 所示。

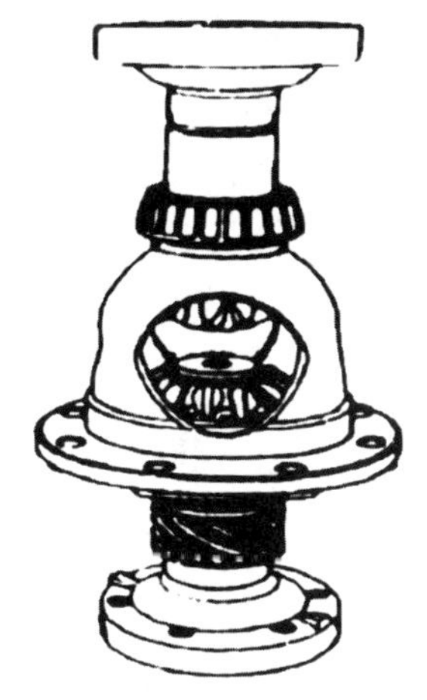

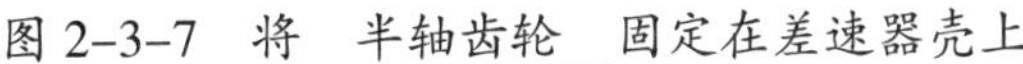

图 2-3-7　将 半轴齿轮 固定在差速器壳上

图 2-3-8　将 行星齿轮 放在适当位置

3）装上 行星齿轮 轴，如图 2-3-9 所示，在行星齿轮轴上安装夹紧销。

4）取下 差速器 半轴凸缘；将从动锥齿轮加热（120 ℃）并装在差速器壳上。

5）将差速器装在 变速器壳体 内，装上半轴凸缘。

6）装上变速器。

（3）差速器壳的拆卸

1）拆卸变速器，拆下差速器。

2）拆下差速器轴承（与从动锥齿轮相对的一边），如图 2-3-10 所示。

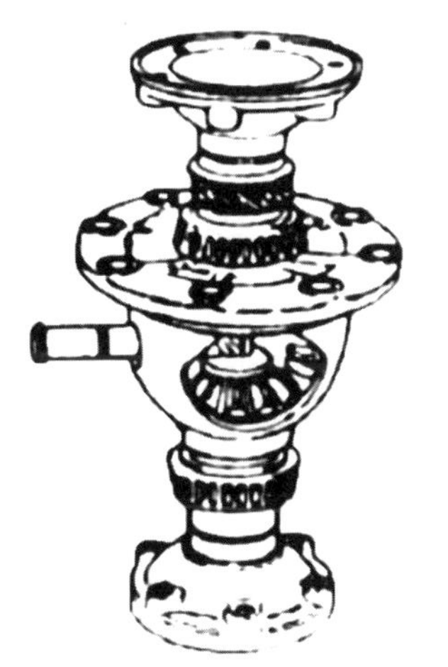

图 2-3-9　装上 行星齿轮 轴

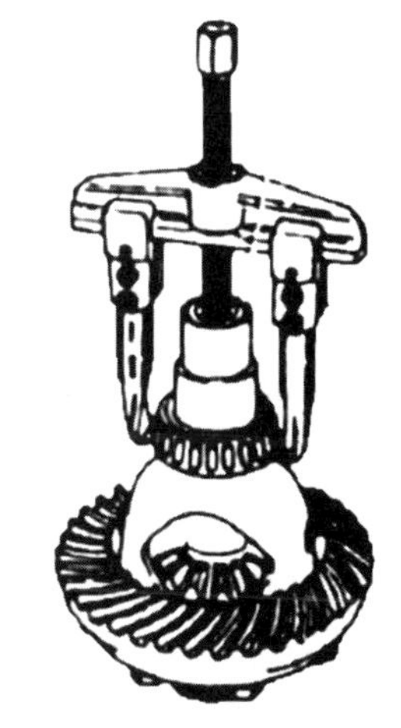

图 2-3-10　拆下差速器轴承

3）拆下差速器另一边轴承，如图 2-3-11 所示。同时，取下车速里程表主动齿轮和锁紧套筒。

4）拆下变速器侧面的密封圈，如图 2-3-12 所示。

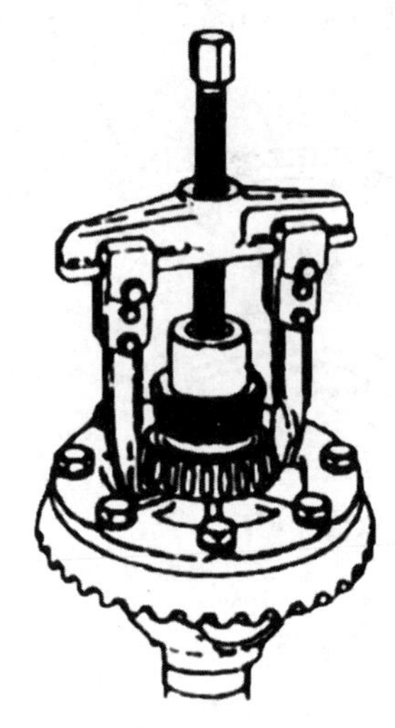

图 2-3-11　拆下差速器另一边轴承

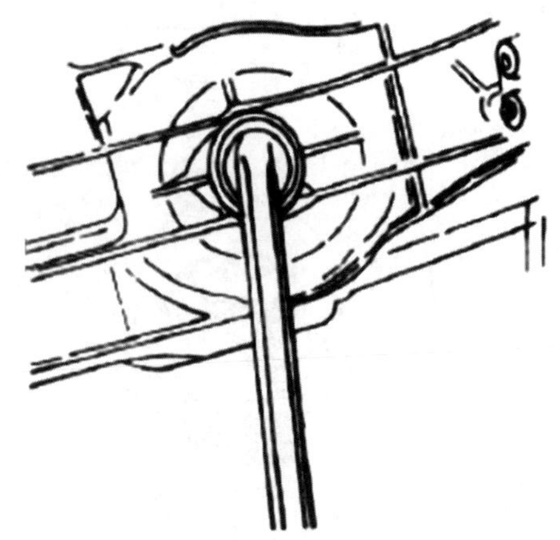

图 2-3-12　拆下变速器侧面的密封圈

5）从主减速器盖上拆下差速器轴承的外圈和调整垫片 S1，如图 2-3-13 所示。

6）从变速器壳体上拆下差速器轴承的外圈和调整垫片 S2，如图 2-3-14 所示。更换差速器轴承时，外圈需一起更换，同时必须计算从动锥齿轮调整垫片 S1 和 S2 的厚度。

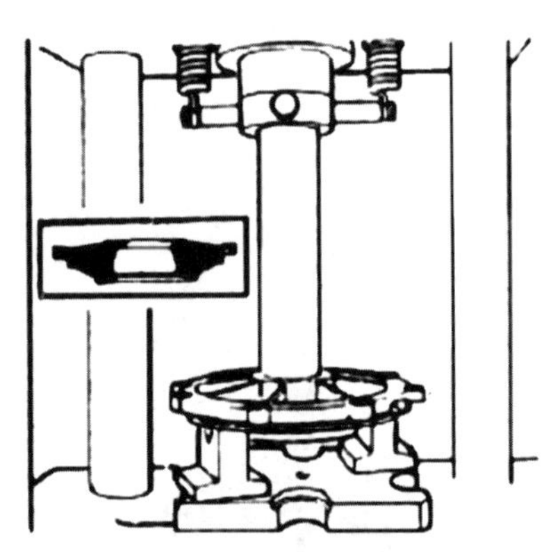

图 2-3-13　拆下差速器轴承的外圈和调整垫片 S1

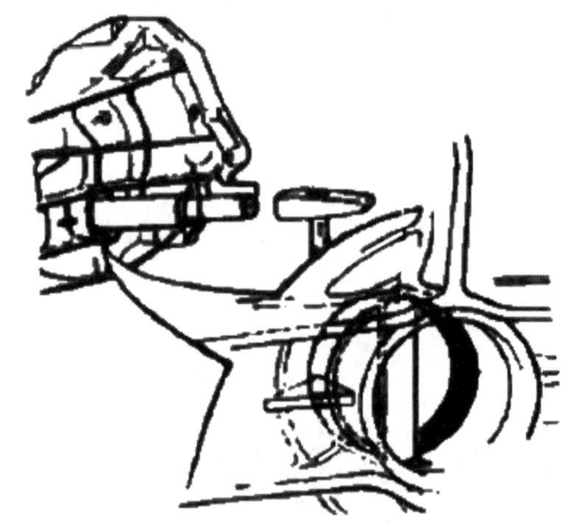

图 2-3-14　拆下差速器轴承的外圈和调整垫片 S2

（4）差速器壳的安装

1）计算<u>从动</u>锥齿轮调整垫片 S1 和 S2 的厚度。

2）装上调整垫片 S2 和差速器轴承外圈，如图 2-3-15 所示。

3）装上调整垫片 S1 和轴承外圈，如图 2-3-16 所示。

4）装上<u>变速器</u>侧面的密封圈。加热差速器轴承（与从动齿轮相对一面，120 ℃）并将其装在差速器壳上。

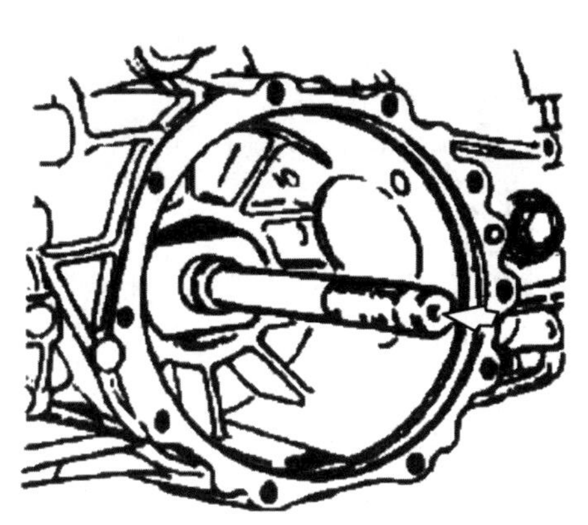

图 2-3-15　装上调整垫片 S2 和差速器轴承外圈

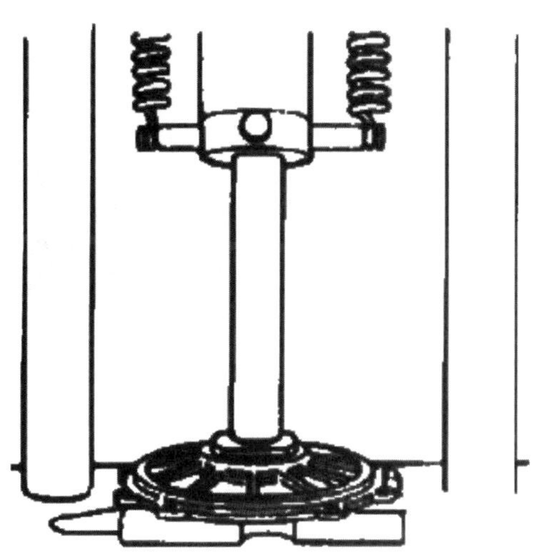

图 2-3-16　装上调整垫片 S1 和轴承外圈

5）将__轴承__压到位，如图 2-3-17 所示。

6）加热差速器另一边轴承（120 ℃）并将其装在差速器壳上，将轴承压到位。

7）装上__车速里程表__主动齿轮和锁紧套筒，使 X=1.8 mm，如图 2-3-18 所示。

图 2-3-17　将__轴承__压到位

图 2-3-18　装上__车速里程表__主动齿轮和锁紧套筒

8）用适当的变速器油润滑__差速器__轴承；将差速器装入变速器壳体内，装上主减速器盖，拆下变速器后盖和轴承支座。

9）将专用工具与扭力扳手一起装在__差速器__上，如图 2-3-19 所示。

10）通过__扭力__扳手转动差速器，检查摩擦力矩，对新的轴承来说最小摩擦力矩应为 2.5 N·m。

11）调整__从动__锥齿轮，装上变速器后盖和轴承支座。

12）装上半轴凸缘，给变速器加注润滑油，装上变速器。

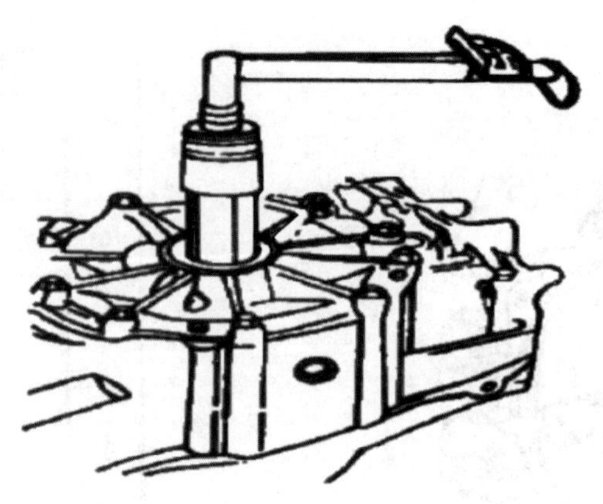

图 2-3-19　将专用工具与扭力扳手一起装在<u>差速器</u>上

三、主减速器与差速器的检查

1．主减速器的检查

（1）检查主、从动锥齿轮是否有刮伤、疲劳剥落或严重磨损，必要时<u>成对</u>更换。

（2）检查<u>从动</u>锥齿轮的偏摆量（应小于 0.07 mm）。

（3）检查<u>轴承</u>、座圈是否有磨耗、烧损、凹痕等。

（4）检查主减速器<u>壳</u>有无裂纹及损伤。

2．差速器的检查

（1）差速器壳应无裂纹及损伤，<u>壳体</u>与行星齿轮、半轴齿轮的接触面应光滑、无沟槽。

（2）检查<u>行星齿轮</u>及其轴间间隙（一般为 0.12 mm，使用限度为 0.2 mm）。

（3）检查行星齿轮轴与差速器壳配合孔处的磨损情况。

四、主减速器与差速器的调整

1．主减速器的调整

（1）从动锥齿轮和主动锥齿轮总成的调整

从动锥齿轮和主动锥齿轮的调整正确与否，对主减速器的使用寿命和运转平稳性起着决定性作用。主减速器和差速器总成拆装后，特别是更换某些零部件后，必须通过精确的测量、计算，选出合适的调整垫片，通过改变垫片的厚度来轴向移动主动锥齿轮，求得平稳运转的最佳位置；通过改变垫片的厚度来轴向移动变速器输出轴上的从动锥齿轮，使其啮合承压表面（啮合印痕）在最佳位置，并使啮合间隙在规定的公差范围内。

从动锥齿轮和主动锥齿轮总成的调整部位如图 2-3-20 所示。与理论上的尺寸 R 成比例的偏差 r 在生产过程中已经测量好了，并把它刻在从动锥齿轮的外侧。从动锥齿轮和主动锥齿轮只能一起更换。

S_1——调整垫片（从动锥齿轮一侧）厚度；

S_2——调整垫片（与从动锥齿轮相对的一侧）厚度；

S_3——输出轴的调整垫片厚度；

R——主动锥齿轮理论上的尺寸（R=50.7 mm）；

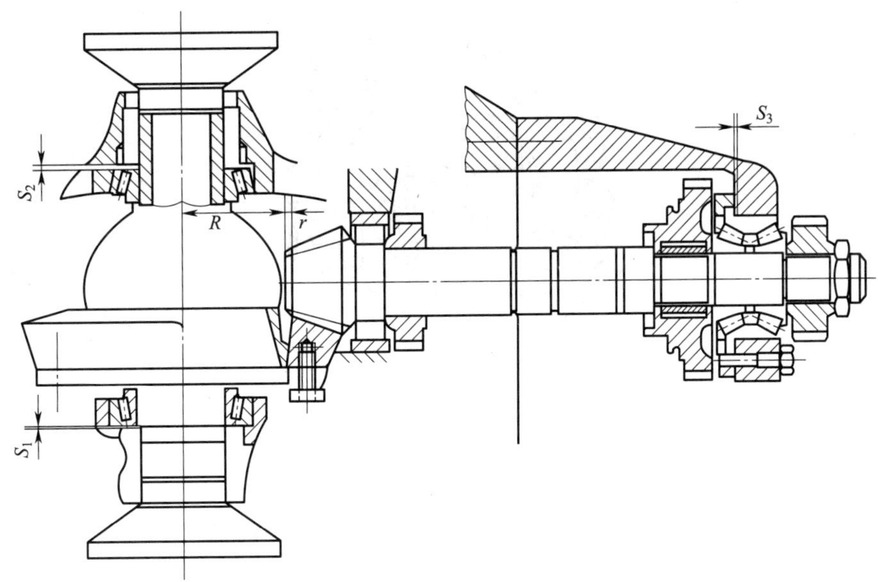

图 2–3–20　从动锥齿轮和主动锥齿轮总成的调整部位

r——与理论上的尺寸 R 成比例的偏差（偏差 r 用 1/100 mm 表示，如“25”表明 0.25 mm）。

（2）主动锥齿轮轴承预紧度的调整

在不带油封的情况下调整预紧度，调整方法如下：

1）根据轴承预紧度的大小，可在＿主动＿锥齿轮两轴承间加厚或减薄调整垫片（隔套前端垫片）。

2）按规定力矩旋紧槽形＿锁紧螺母＿。

（3）从动锥齿轮轴承预紧度的调整

1）均匀、对称地旋紧调整螺栓。

2）从动锥齿轮转动＿灵活＿。

3）撬动时不应感到有明显的＿轴向＿位移。

（4）主、从动锥齿轮啮合区（接触印痕）的调整

齿轮接触印痕应达到齿长的＿50%＿以上，其位置控制在齿的中偏小端，离小端距离为 2～4 mm，在齿高方向上的接触印痕应不小于有效齿高的 50%，一般应距齿顶 0.8～1.6 mm（可用红色印油涂抹 3～4 齿进行痕迹判断）。调整是通过改变两锥齿轮的装配中心（即使两锥齿轮相互靠近或离开的轴向移动）来进行的。

调整口诀：大端进从动轮，小端出从动轮，顶部进主动轮，根部出主动轮。主动齿轮的进出通过增减主动齿与轴承之间的垫片厚度来进行，被动齿轮的移动靠两调整螺栓左右进出来完成。

（5）主、从动锥齿轮啮合间隙的调整

如图 2–3–21 所示，啮合间隙应为＿0.15～0.50＿mm，最大不超过＿1＿mm，但每一对圆锥齿轮啮合间隙的变动量不大于＿0.15＿mm。啮合间隙是通过调整从动锥齿轮的轴向位移来实现的，两齿轮靠近间隙减小，反之间隙增大。当改变啮合间隙时，接触印痕随之变化；而改变接触印痕时，啮合间隙也随之变化。印痕和啮合间隙的调整是相互矛盾的，印痕是矛盾的主要方面，应尽可能迁就印痕，而啮合间隙则宁可稍大一些。将图 2–3–21 图注中各组成部件的名称填写完整。

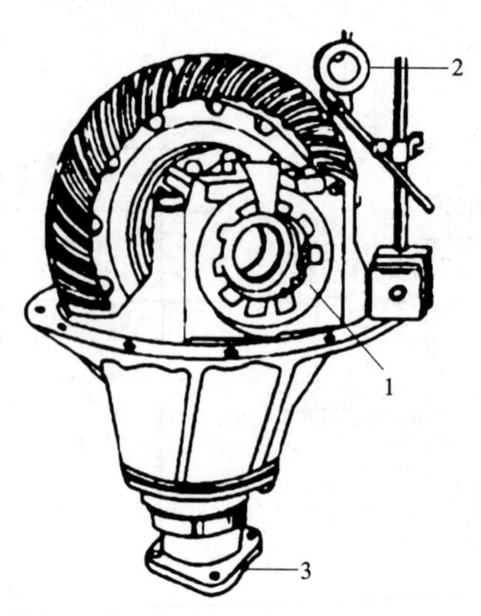

图 2–3–21　主、从动锥齿轮啮合间隙的调整

1—调整螺母　2—磁力百分表　3—法兰盘

注意：对于单级主减速器，应先进行差速器的调整，然后调整主、从动锥齿轮的轴承预紧度，最后调整齿轮的接触印痕和啮合间隙。

2．差速器的调整

齿轮的齿隙调整是通过增减行星齿轮背面的支承垫片及半轴齿轮的支承垫圈的厚度来进行的。齿隙为0.2～0.3 mm，半轴齿轮与壳座孔的间隙不大于 0.4 mm。

五、学习过程评价

学习过程评价见表 2–3–2。

表 2–3–2　学习过程评价表

班级		姓名		学号		日期	年　月　日
序号	评价要点				配分	得分	总评
1	能正确识读和填写工作页，明确学习活动要求				10		A □（86～100） B □（76～85） C □（60～75） D □（60 以下）
2	能查阅资料，写出主减速器与差速器的类型				10		
3	能按照规范完成主减速器的拆装				10		
4	能按照规范完成差速器的拆装				10		
5	能按照规范完成主减速器的检查与调整				20		
6	能按照规范完成差速器的检查与调整				10		
7	能遵守劳动纪律，以积极的态度接受工作任务				10		
8	能积极参与小组讨论，具有团队合作精神				10		
9	能及时完成教师布置的任务				10		
总　分					100		
小结 建议							

学习活动 4　工作总结与评价

学习目标

1. 能以小组形式对学习过程和成果进行总结。
2. 能完成对学习过程的综合评价。

建议学时：4 学时。

学习过程

一、工作总结

按照世界技能大赛的要求，参赛选手应具有一定的组织规划能力和沟通、创新能力，这些能力在实际的生产工作中是十分必要的。以小组为单位，选择演示文稿、展板、海报、视频等形式中的一种或几种，向全班展示、汇报学习成果。

二、综合评价

针对本任务的学习情况，根据表 2-4-1 所列综合评价标准进行评分。

表 2-4-1　　综合评价标准

评价项目	评价内容及标准	配分	评分		
			自我评价	小组评价	教师评价
工作组织和管理	团队合作，合理计划，高效管理时间	3			
	定期检查工作进展和效果	3			
	保证高质量完成工作	4			
沟通能力	深度咨询客户，完全理解其要求	10			
	提供明确说明，准确回答客户疑问	10			
计划创新能力	及时处理工作中遇到的问题	10			
	提出创新性、可行性建议，提高客户满意度	10			

续表

评价项目	评价内容及标准	配分	评分		
			自我评价	小组评价	教师评价
专业知识	具备万向传动装置及驱动桥各部件的组成、作用、原理等知识	10			
	具备汽车行驶异响故障检修知识	10			
实践能力	具备汽车万向传动装置检修技能	10			
	具备汽车主减速器检修技能	10			
	具备汽车差速器检修技能	10			
学生姓名		综合评价得分			
指导教师		日期			

三、学习任务二整体评价

学习任务二整体评价见表 2-4-2。

表 2-4-2　学习任务二整体评价表

项目	自我评价			小组评价			教师评价		
	10～9 分	8～6 分	5～1 分	10～9 分	8～6 分	5～1 分	10～9 分	8～6 分	5～1 分
	占总评 10%			占总评 30%			占总评 60%		
学习活动 1									
学习活动 2									
学习活动 3									
学习活动 4									
协作精神									
纪律观念									
表达与分析能力									
工作态度									
任务总体表现									
小计分									
总评分									

世赛知识

世界技能大赛国手的选拔方式

参加世界技能大赛的选手必须经过严格的选拔，因为他们代表着国家的形象。选拔主要分为两个阶段。第一个阶段是全国选拔。这个阶段类似于海选，例如，第 45 届世界技能大赛国手选拔是人力资源社会保障部在各地、各部门初赛的基础上，组织开展世界技能大赛全国选拔赛，根据选手成绩，最终每个参赛项目约有 10 人入选国家集训队。第二个阶段是集训选拔。这一阶段的主要任务是依托世界技能大赛中国集训基地对入选国家集训队的选手进行集训，并根据集训安排进行“十进五”“五进三”“三进二”“二进一”的阶段性考核选拔，最后选出 1 名最优秀的选手代表国家出征。世界技能大赛国手选拔梯度如图 2-4-1 所示。为了能在国际技能竞赛的舞台上一展身手，取得优异成绩，每一位参赛选手在赛前都要经历异常艰苦的训练，不仅要练就精湛的技艺，还要练就强大的心理素质。

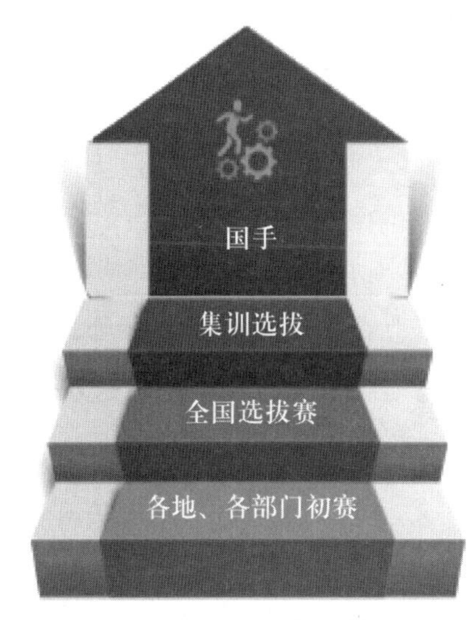

图 2-4-1　世界技能大赛国手选拔梯度

我国对世界技能大赛全国选拔赛的组织是非常严密的，每届世界技能大赛全国选拔赛开始前，人力资源社会保障部都会出台详细的竞赛技术规则，要求全国选拔赛本着公平、公正、公开的原则组织实施。

世界技能大赛全国选拔赛与我国职业技能竞赛紧密结合。我国职业技能竞赛始于 20 世纪 50 年代，具有广泛的群众基础。我国职业技能竞赛活动实行分级、分类管理。竞赛活动分为国家、省和地市三级。国家级职业技能竞赛活动又分为两类：跨行业、跨地区的竞赛活动为国家级一类竞赛（由人力资源社会保障部牵头组织）；单一行业的竞赛活动为国家级二类竞赛（由各行业相关机构会同人力资源社会保障部共同组织）。

从 2004 年开始，人力资源社会保障部将全国各级各类竞赛活动进行整合，组织开展“全国职业技能竞赛系列活动”，每年参加竞赛的企业职工和院校学生超过 1 000 万人次，涉及上百个职业（工种）。从 2014 年开始，纳入人力资源社会保障部竞赛计划的各级各类职业技能竞赛全部冠以“中国技能大赛”称谓，进一步完善了职业技能竞赛制度。举办中国技能大赛对整体推进我国技能人才队伍建设，激发广大技能劳动者学习业务、钻研技术、提高技能发挥了重要作用。

学习任务三　汽车转向沉重故障检修

学习目标

1. 能通过与客户交流、查阅相关维修技术资料等方式获取车辆信息。
2. 能根据任务要求制订合理的维修计划。
3. 能描述汽车转向系统的作用、类型及特点。
4. 能识别汽车转向系统主要零部件，熟悉各零部件的作用和安装位置。
5. 能查找汽车维修手册，对汽车转向系统零部件进行拆装、检查、更换和检修。
6. 能根据维修计划，选择正确的工量具和诊断设备对汽车转向系统进行检修。
7. 能对维修场地、设备进行日常维护和保养，按6S管理规定要求清理现场。
8. 能对相关资料、互联网资源进行检索，并完成维修工单、工作页的填写。
9. 能展示工作成果，进行任务评价，总结工作经验，优化检修方案。
10. 能在作业过程中严格按照企业操作规范操作，严格遵守安全生产制度、环保管理制度和从业人员职业道德，具有吃苦耐劳、爱岗敬业的工作态度和职业精神。

建议学时

20学时。

工作情境描述

某客户抱怨车辆在转向时，感觉转向盘转向沉重，过弯转向费力。车主将该车送入维修站后，经班组长检查初步判断为转向沉重故障。汽车维修人员需要对相关部件进行拆检，根据维修手册相关要求，在规定时间内，参照维修资料完成转向系统的检查与零部件的更换工作，自检合格后交付班组长验收。

工作流程与活动

1．汽车转向系统的认知（4学时）

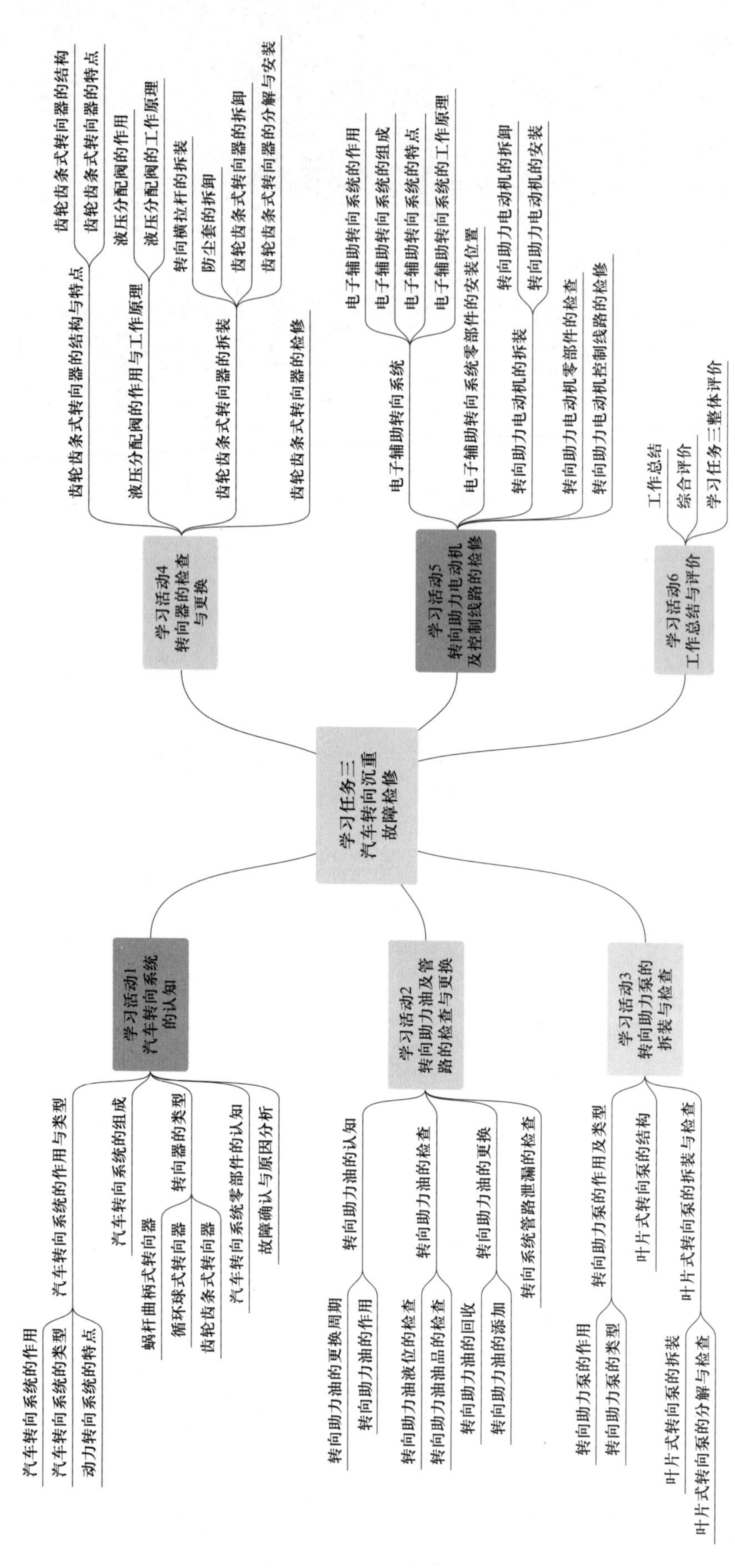

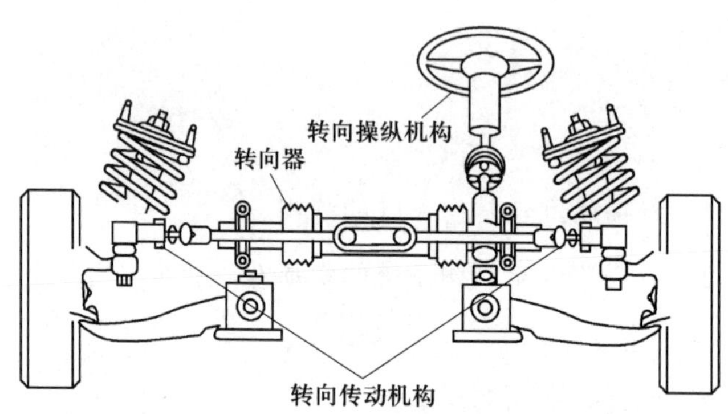

图 3-1-1　汽车转向系统的组成

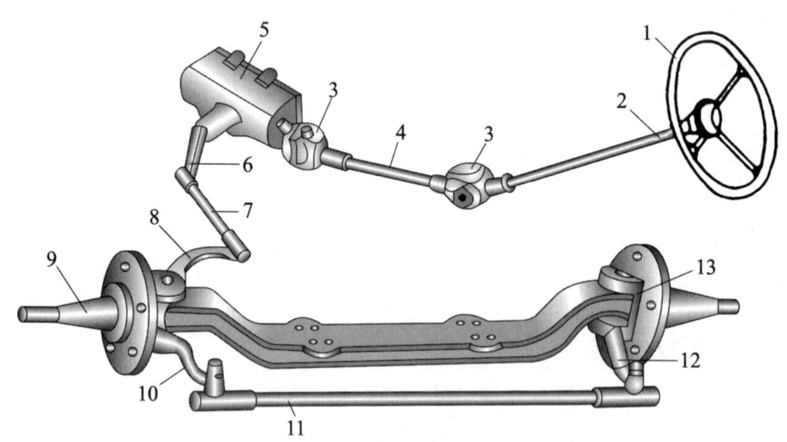

图 3-1-2　机械式转向系统的组成

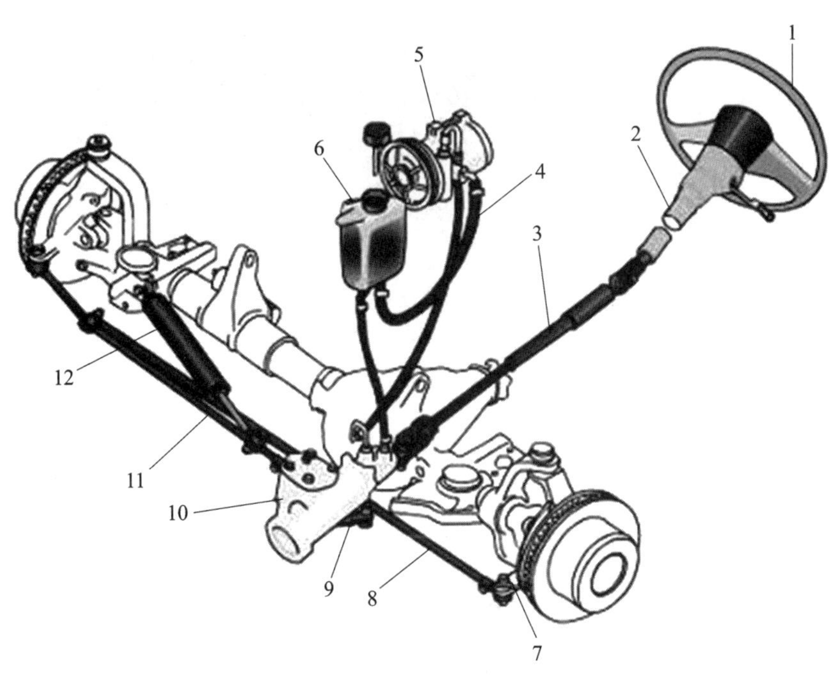

图 3-1-3　液压助力式转向系统的组成

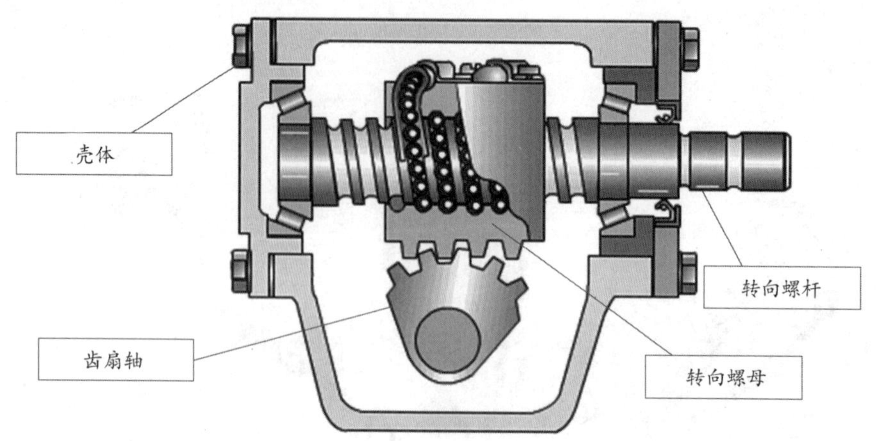

图 3-1-5　循环球式转向器

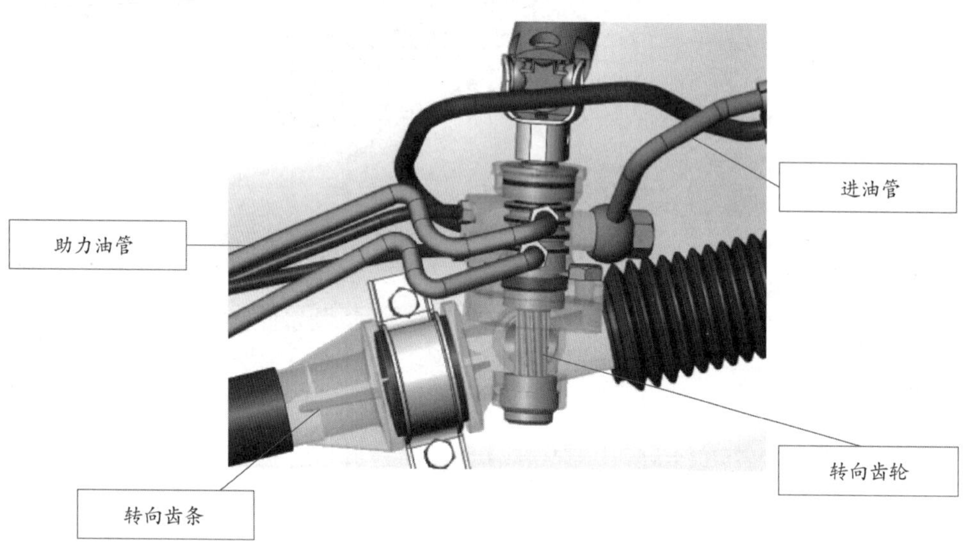

图 3-1-6　齿轮齿条式转向器

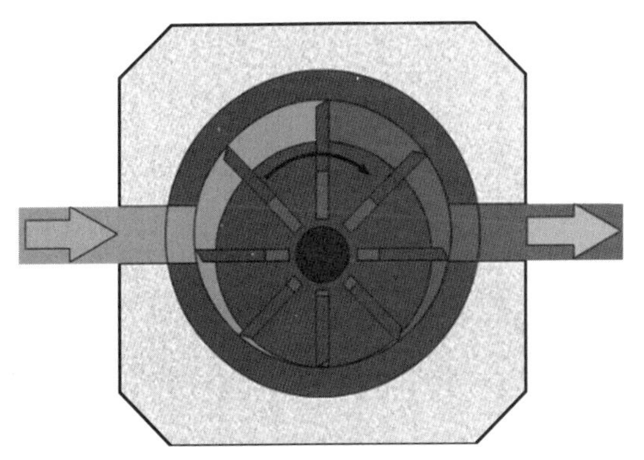

图 3–3–2　叶片式转向泵示意图

2．转向助力油及管路的检查与更换（2 学时）

3．转向助力泵的拆装与检查（2 学时）

4．转向器的检查与更换（2 学时）

5．转向助力电动机及控制线路的检修（6 学时）

6．工作总结与评价（4 学时）

思维导图

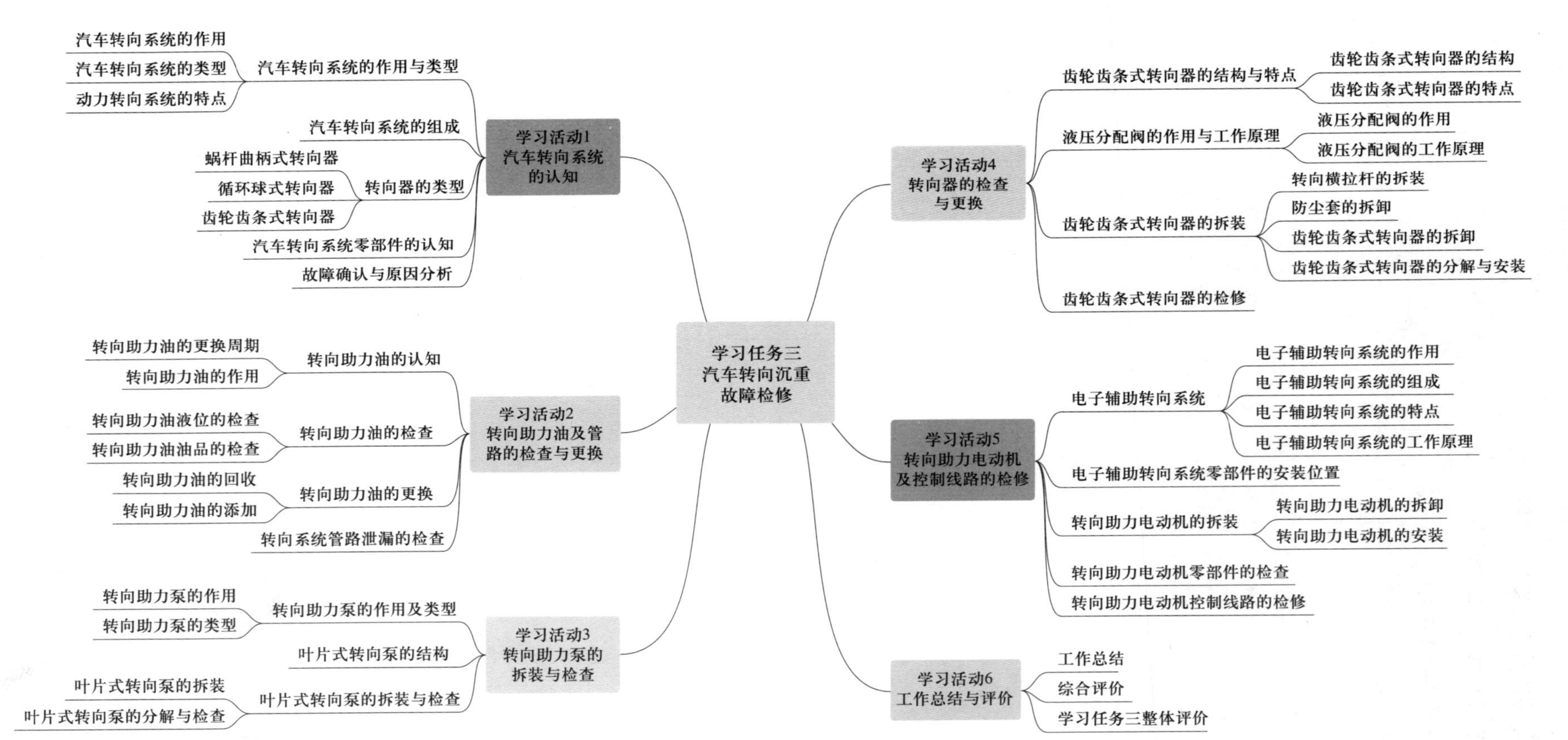

学习任务三
汽车转向沉重故障检修
学习活动1
汽车转向系统的认知
汽车转向系统的作用与类型
汽车转向系统的作用
汽车转向系统的类型
动力转向系统的特点
汽车转向系统的组成
转向器的类型
蜗杆曲柄式转向器
循环球式转向器
齿轮齿条式转向器
汽车转向系统零部件的认知
故障确认与原因分析
学习活动2
转向助力油及管路的检查与更换
转向助力油的认知
转向助力油的更换周期
转向助力油的作用
转向助力油的检查
转向助力油液位的检查
转向助力油油品的检查
转向助力油的更换
转向助力油的回收
转向助力油的添加
转向系统管路泄漏的检查
学习活动3
转向助力泵的拆装与检查
转向助力泵的作用及类型
转向助力泵的作用
转向助力泵的类型
叶片式转向泵的结构
叶片式转向泵的拆装与检查
叶片式转向泵的拆装
叶片式转向泵的分解与检查
学习活动4
转向器的检查与更换
齿轮齿条式转向器的结构与特点
齿轮齿条式转向器的结构
齿轮齿条式转向器的特点
液压分配阀的作用与工作原理
液压分配阀的作用
液压分配阀的工作原理
齿轮齿条式转向器的拆装
转向横拉杆的拆装
防尘套的拆卸
齿轮齿条式转向器的拆卸
齿轮齿条式转向器的分解与安装
齿轮齿条式转向器的检修
学习活动5
转向助力电动机及控制线路的检修
电子辅助转向系统
电子辅助转向系统的作用
电子辅助转向系统的组成
电子辅助转向系统的特点
电子辅助转向系统的工作原理
电子辅助转向系统零部件的安装位置
转向助力电动机的拆装
转向助力电动机的拆卸
转向助力电动机的安装
转向助力电动机零部件的检查
转向助力电动机控制线路的检修
学习活动6
工作总结与评价
工作总结
综合评价
学习任务三整体评价

学习活动1　汽车转向系统的认知

学习目标

1. 能描述汽车转向系统的作用、类型和特点。

2. 能描述汽车转向系统的组成及各组成零部件的作用和安装位置。

3. 能描述转向器的类型。

4. 能描述汽车转向沉重故障现象并分析可能的原因。

建议学时：4学时。

学习过程

一、汽车转向系统的作用与类型

1．汽车转向系统的作用

汽车转向系统的作用是<u>　改变　</u>和<u>　保持　</u>汽车的行驶方向。

当汽车需要改变行驶方向时，必须使<u>　转向轮　</u>绕主销轴线偏转一定角度，直到新的行驶方向符合驾驶员的要求时，再将<u>　转向轮　</u>恢复到直线行驶位置。

2．汽车转向系统的类型

汽车转向系统按转向能源的不同可分为<u>　电动助力转向系统　</u>和<u>　液压助力转向系统　</u>两种。

查阅资料，写出电动助力转向系统和液压助力转向系统的定义。

答：电动助力转向（EPS）系统利用直流电动机提供转向动力，辅助驾驶员进行转向操作。液压助力转向系统利用发动机工作时的动力带动转向助力泵工作产生液压助力推动转向器辅助驾驶员操作。

3．动力转向系统的特点

查阅资料，写出动力转向系统的特点。

答：（1）动力转向系统只有在汽车转向时才提供转向力。

（2）动力转向系统的响应速度快。

（3）根据汽车转向阻力的不同，动力转向系统有不同的输出力。

二、汽车转向系统的组成

汽车转向系统的形式多种多样，但基本都由转向操纵机构、转向器和转向传动机构三部分组成，如图 3–1–1 所示。

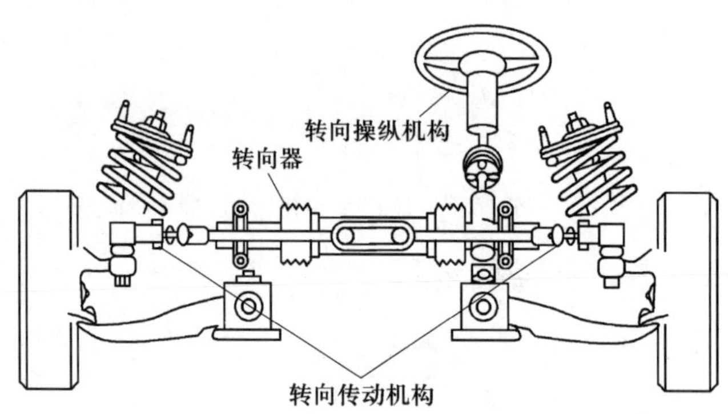

图 3–1–1 汽车转向系统的组成

转向操纵机构用来操纵转向器和转向传动机构，使转向轮<u>转向</u>。

转向器用来增大由转向盘传到转向节的力，并改变力的<u>大小</u>。

转向传动机构用来将转向器输出的力和运动传给<u>转向轮</u>，使两侧转向轮偏转以实现<u>汽车行驶方向的改变</u>。

机械式转向系统的组成如图 3–1–2 所示，将各组成部件的名称填写完整。

液压助力式转向系统的组成如图 3–1–3 所示，将各组成部件的名称填写完整。

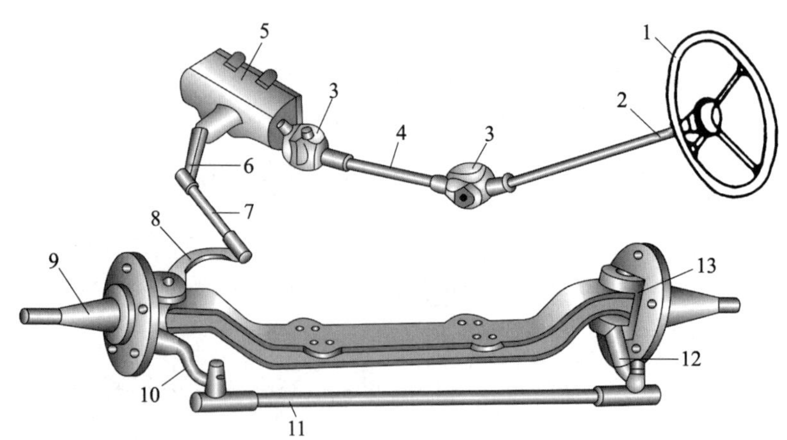

图 3–1–2 机械式转向系统的组成

1—转向盘 2—<u>转向管柱</u> 3—转向万向节 4—转向传动轴 5—<u>转向器</u> 6—转向摇臂 7—转向直拉杆 8—转向节臂 9—左转向节 10、12—梯形臂 11—<u>转向横拉杆</u> 13—右转向节

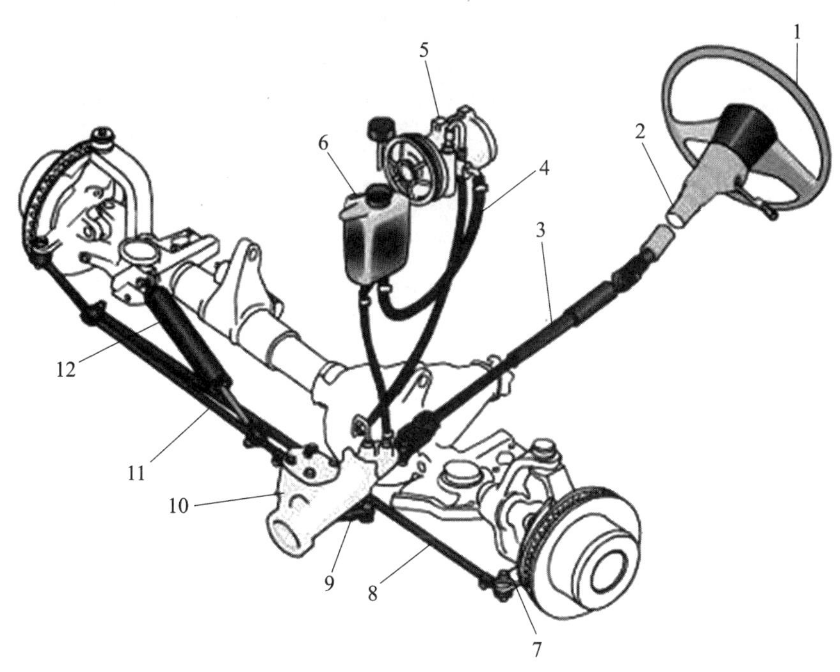

图 3-1-3　液压助力式转向系统的组成

1—转向盘　2—转向管柱　3—转向中间轴　4—转向油管　5—转向助力泵　6—转向油罐　7—转向节臂　8—转向横拉杆　9—转向摇臂　10—转向器　11—转向直拉杆　12—转向减振器

三、转向器的类型

1．蜗杆曲柄式转向器

蜗杆曲柄式转向器如图 3-1-4 所示，查阅资料，将图中所示零部件名称填写完整。

2．循环球式转向器

循环球式转向器如图 3-1-5 所示，查阅资料，将图中所示零部件名称填写完整。

3．齿轮齿条式转向器

齿轮齿条式转向器如图 3-1-6 所示，查阅资料，将图中所示零部件名称填写完整。

图 3-1-4　蜗杆曲柄式转向器

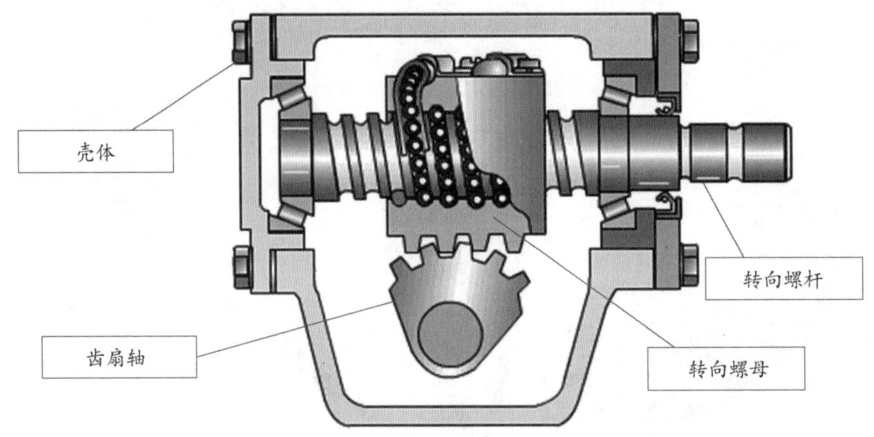

图 3–1–5　循环球式转向器

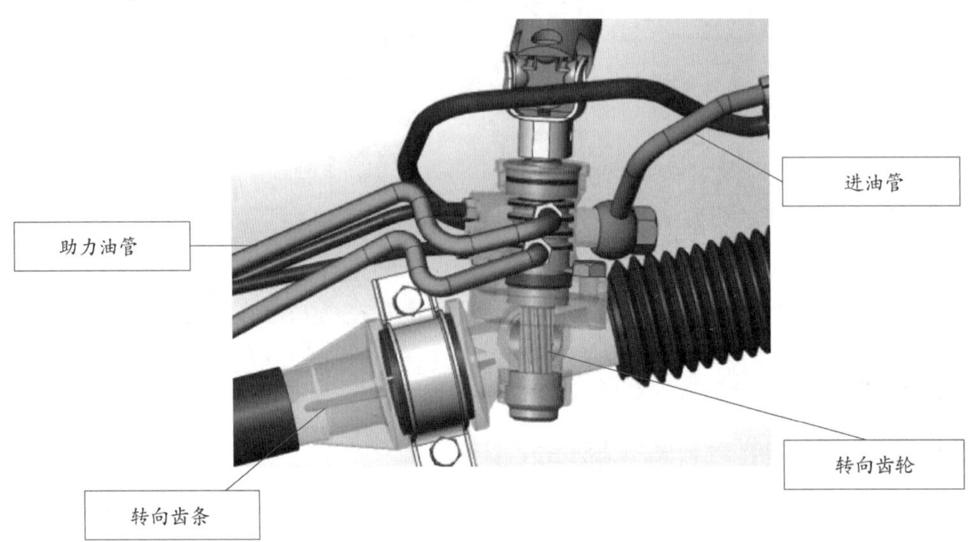

图 3–1–6　齿轮齿条式转向器

四、汽车转向系统零部件的认知

根据表 3–1–1 中的零部件图片，查阅资料，完成对汽车转向系统零部件的名称、作用的认知，并在实车上找到该零部件。

表 3–1–1　　汽车转向系统零部件的认知

序号	图片	名称	作用
1		转向助力泵	为转向系统提供 动力

续表

序号	图片	名称	作用
2		转向器	接受转向盘的圆周转向力，并将其改变为__直线往复__运动
3		转向动力传动带	将发动机的动力传递到__转向助力泵__中
4		转向管柱	用于连接转向盘与万向节的元件，在发生撞击变形时能起到__缓冲__作用
5		转向万向节	用于连接__转向盘__与__万向节__的元件，起到万向传递作用

续表

序号	图片	名称	作用
6		转向横拉杆	用于连接__转向器__与__转向节臂__的元件
7		转向助力电动机	在转向时，使用__电能__为驾驶员提供辅助动力
8		转向控制电脑	电控转向系统的电脑，根据__车况__、__车速__、__气压__来控制转向辅助力

五、故障确认与原因分析

1．描述汽车转向沉重故障现象。

故障现象：

答：在汽车正常行驶转向时，驾驶员感到转向盘沉重，转向困难。

2．根据汽车转向沉重故障现象，分析可能的故障原因。

可能的故障原因：

答：（1）转向助力油缺失。

（2）转向助力泵传动带打滑或者断裂。

（3）转向电动机损坏。

（4）前轮胎气压低。

六、学习过程评价

学习过程评价见表 3-1-2。

表 3-1-2　　学习过程评价表

<table>
<tr><td>班级</td><td></td><td>姓名</td><td></td><td>学号</td><td></td><td>日期</td><td>年　月　日</td></tr>
<tr><td>序号</td><td colspan="4">评价要点</td><td>配分</td><td>得分</td><td>总评</td></tr>
<tr><td>1</td><td colspan="4">能正确识读和填写工作页，明确学习活动要求</td><td>10</td><td></td><td rowspan="10">A □（86 ~ 100）
B □（76 ~ 85）
C □（60 ~ 75）
D □（60 以下）</td></tr>
<tr><td>2</td><td colspan="4">能查阅资料，写出汽车转向系统的作用、类型与特点</td><td>10</td><td></td></tr>
<tr><td>3</td><td colspan="4">能查阅资料，写出汽车转向系统的组成</td><td>10</td><td></td></tr>
<tr><td>4</td><td colspan="4">能查阅资料，写出转向器的类型</td><td>10</td><td></td></tr>
<tr><td>5</td><td colspan="4">能查阅资料，识别汽车转向系统各零部件，了解其作用及安装位置</td><td>15</td><td></td></tr>
<tr><td>6</td><td colspan="4">能查阅资料，分析汽车转向沉重故障现象与原因</td><td>15</td><td></td></tr>
<tr><td>7</td><td colspan="4">能遵守劳动纪律，以积极的态度接受工作任务</td><td>10</td><td></td></tr>
<tr><td>8</td><td colspan="4">能积极参与小组讨论，具有团队合作精神</td><td>10</td><td></td></tr>
<tr><td>9</td><td colspan="4">能及时完成教师布置的任务</td><td>10</td><td></td></tr>
<tr><td colspan="5">总　分</td><td>100</td><td></td></tr>
<tr><td>小结
建议</td><td colspan="7"></td></tr>
</table>

学习活动 2　转向助力油及管路的检查与更换

学习目标

1. 了解转向助力油的相关知识。
2. 能按照规范完成转向助力油液位与油品的检查。
3. 能按照规范完成转向助力油的更换。
4. 能按照规范完成转向系统管路泄漏的检查。

建议学时：2 学时。

学习过程

一、转向助力油的认知

转向助力油是汽车转向助力泵使用的一种特殊油液，与自动变速器油、制动液以及减振器油相类似，液压作用可以使转向盘转向比较轻松。

1．转向助力油的更换周期

新车在行驶 10 000 ~ 20 000 km（磨合期）后，必须更换转向助力油，此后建议每行驶 50 000 km 更换一次，以保证油液清洁。某品牌转向助力油如图 3-2-1 所示。

图 3-2-1　某品牌转向助力油

2．转向助力油的作用

查阅资料，写出转向助力油的作用。

答：（1）转向助力油是转向系统动力传递的介质。

（2）转向助力油用于冷却转向系统零部件。

二、转向助力油的检查

1．转向助力油液位的检查

根据表 3-2-1 中的检查步骤，判断转向助力油液位是否正常。

表 3-2-1　　转向助力油液位的检查

序号	检查步骤图示	操作要点
1		将车辆停放到__水平__地面上
2		起动汽车，使发动机怠速运转 2 min，左右转动几次转向盘，使油温达到__40 ~ 80__℃后熄火
3		观察转向助力油液面位置是否在 MIN 与 MAX 标记之间。如果液面在__MIN__标记以下，需要及时添加转向助力油
4		观察转向助力油是否有__气泡__或者__发白__现象。如果出现__气泡、发白__现象，需要更换转向助力油

2．转向助力油油品的检查

在车辆行驶时，转向助力油也在不间断地工作，在运行一段时间后，油液中会产生杂物，黏度降低，直接影响转向助力泵中阀体的使用寿命。转向助力油减少、进入空气或有磨料污染，会直接影响转向系统的工作性能，还会影响转向系统的使用寿命。一般情况下，每 2 年应更换一次转向助力油。检查、补充、更换转向助力油是一项重要的常规维护作业。

注意：如果转向助力油出现＿气泡＿、＿发白＿等现象，需要更换转向助力油。

三、转向助力油的更换

1．转向助力油的回收

按照表 3–2–2 中的提示完成转向助力油的回收，并将表格填写完整。

表 3–2–2　　转向助力油的回收

作业项目	图示	操作规范及注意事项
举升车辆		使用＿升降机＿规范地升起汽车
排除废油		松开动力转向系统的＿放油螺塞＿或回油管，将转向助力废油放到专用的容器中
起动汽车，转动转向盘		起动发动机至＿怠速＿运转，反复转动转向盘到底，直至转向助力油排放干净为止

2．转向助力油的添加

按照表 3-2-3 中的提示完成转向助力油的添加，并将表格填写完整。

表 3-2-3　转向助力油的添加

作业项目	图示	操作规范及注意事项
加油		添加转向助力油时，应向储油罐内加注规定牌号的转向助力油至__规定液面__，并用滤网过滤，以免杂质混入转向助力油中
排空气		动力转向装置在使用和加油过程中，不允许有__空气__存在，尤其在对其组件检修后，必须排空气，保证其工作正常 （1）架起转向轮，使发动机怠速运转，将塑料软管的一端套在动力转向装置的放气螺塞上，将另一端插入容器中，反复将转向盘打到底。等到动力转向装置内初步充满转向助力油后，将车轮放下，旋松放气螺塞，使系统在较高压力下通过__放气螺塞__放气 （2）将转向盘再次打到底，再放气直至容器不再有__气泡__和__乳化__现象为止，且发动机停转后，液面变化不大，说明空气已排净 （3）在排气过程中，液面会下降，油面过低时转向系统中会再次进入__空气__，因此，应随时添加转向助力油，维持标准液面高度

四、转向系统管路泄漏的检查

按照表 3-2-4 中的提示完成转向系统管路泄漏的检查，并将表格填写完整。

表 3-2-4　转向系统管路泄漏的检查

作业项目	图示	检查结果
举升车辆		是否使用升降机升起汽车 是☑　否□

续表

<table>
<tr><th>作业项目</th><th>图示</th><th>检查结果</th></tr>
<tr><td rowspan="2">检查相关管路接口处是否存在泄漏</td><td></td><td>检查转向器<u>高压管路</u>与<u>回油管路</u>处是否存在泄漏
是□ 否☑</td></tr>
<tr><td></td><td>检查各管路接口处是否存在泄漏
是□ 否☑</td></tr>
</table>

五、学习过程评价

学习过程评价见表 3–2–5。

表 3–2–5　　学习过程评价表

<table>
<tr><td>班级</td><td></td><td>姓名</td><td></td><td>学号</td><td></td><td>日期</td><td>年　月　日</td></tr>
<tr><td>序号</td><td colspan="5">评价要点</td><td>配分</td><td>得分</td><td>总评</td></tr>
<tr><td>1</td><td colspan="5">能正确识读和填写工作页，明确学习活动要求</td><td>10</td><td></td><td rowspan="9">A□（86～100）
B□（76～85）
C□（60～75）
D□（60 以下）</td></tr>
<tr><td>2</td><td colspan="5">能查阅资料，写出汽车转向助力油的作用与更换周期</td><td>10</td><td></td></tr>
<tr><td>3</td><td colspan="5">能按照规范完成转向助力油液位与油品的检查</td><td>10</td><td></td></tr>
<tr><td>4</td><td colspan="5">能按照规范完成转向助力油的回收与添加</td><td>20</td><td></td></tr>
<tr><td>5</td><td colspan="5">能按照规范完成转向系统管路泄漏的检查</td><td>20</td><td></td></tr>
<tr><td>6</td><td colspan="5">能遵守劳动纪律，以积极的态度接受工作任务</td><td>10</td><td></td></tr>
<tr><td>7</td><td colspan="5">能积极参与小组讨论，具有团队合作精神</td><td>10</td><td></td></tr>
<tr><td>8</td><td colspan="5">能及时完成教师布置的任务</td><td>10</td><td></td></tr>
<tr><td colspan="6">总　分</td><td>100</td><td></td></tr>
<tr><td>小结建议</td><td colspan="8"></td></tr>
</table>

学习活动 3　转向助力泵的拆装与检查

学习目标

1. 能描述转向助力泵的作用及类型。
2. 能描述叶片式转向泵的结构。
3. 能按照规范完成转向助力泵的拆装与检查。

建议学时：2 学时。

学习过程

一、转向助力泵的作用及类型

1．转向助力泵的作用

汽车转向助力泵与转向器共同组成汽车液压助力式转向系统，驱动汽车转向轮实现转向功能。

汽车转向助力泵（见图 3–3–1）的作用是为转向系统提供动力源，并且其内部的安全阀对转向系统起到安全防护作用。

2．转向助力泵的类型

（1）根据结构形式不同，可将转向助力泵分为<u>齿轮泵</u>、<u>螺杆泵</u>、<u>柱塞泵</u>和叶片式转向泵（见图 3–3–2）四种。

图 3–3–1　汽车转向助力泵

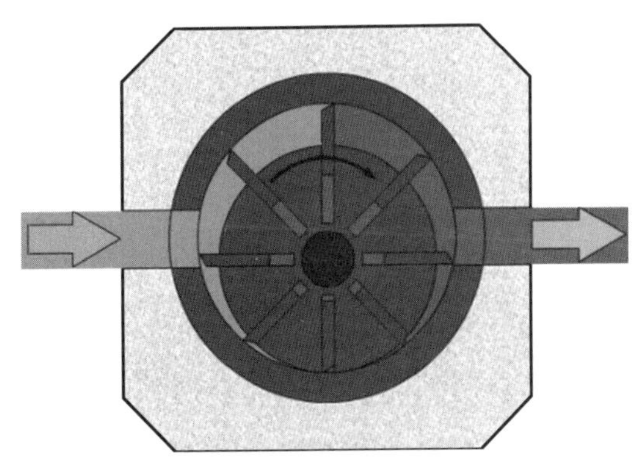

图 3–3–2　叶片式转向泵示意图

注意：汽车转向助力泵最常见的类型为叶片式转向泵。

（2）根据驱动形式不同，可将转向助力泵分为齿轮驱动式转向泵（见图 3–3–3）、十字滑键式转向泵和带轮驱动式转向泵三种，其使用范围及图片见表 3–3–1。

图 3–3–3　齿轮驱动式转向泵

表 3–3–1　转向助力泵的类型及使用范围

序号	名称	使用范围	图片
1	齿轮驱动式转向泵	多用于中、重型卡车	
2	十字滑键式转向泵	多用于中型卡车	
3	带轮驱动式转向泵	多用于乘用车	

二、叶片式转向泵的结构

叶片式转向泵主要由定子泵体总成、压力传感器、流量控制阀、外壳总成、轴承、带轮和盖板等组成，其结构如图 3–3–4 所示。

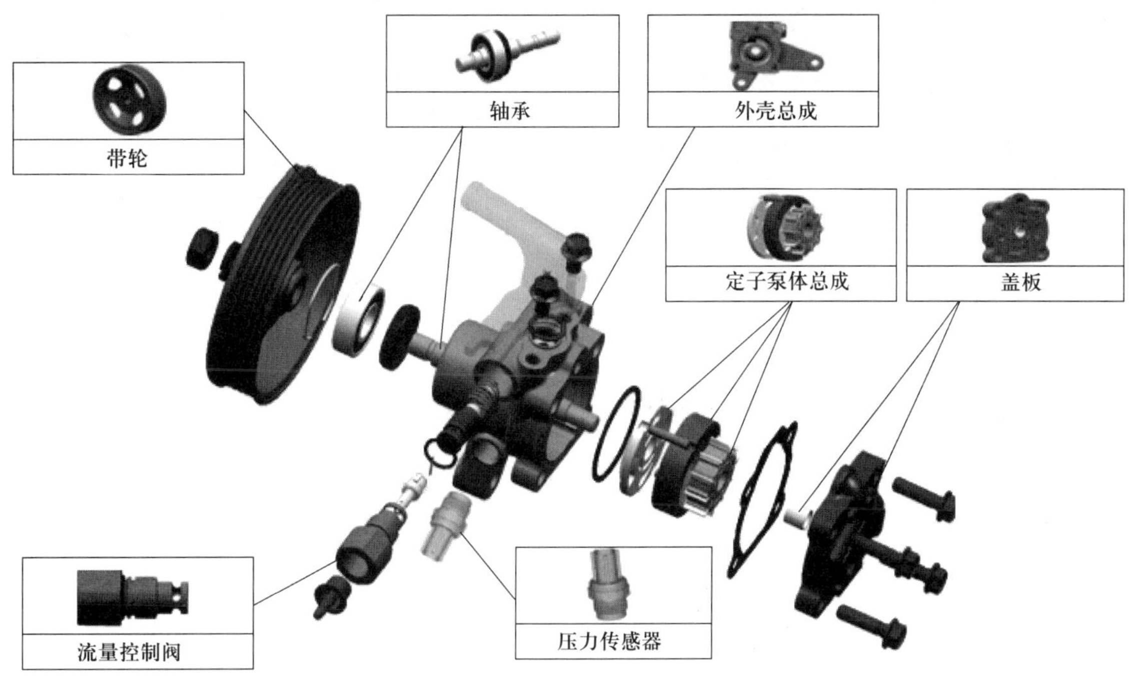

图 3–3–4　叶片式转向泵的结构

三、叶片式转向泵的拆装与检查

1．叶片式转向泵的拆装

（1）步骤 1：以本田飞度车型为例，拆卸 蛇形附件传动带 ，断开电控可变阻尼节流孔电磁阀执行器上的电气连接器，如图 3–3–5 所示。

（2）步骤 2：在从叶片式转向泵上断开 高压软管 后，用一个接油盘接收从高压软管流出的转向助力油，如图 3–3–6 所示。

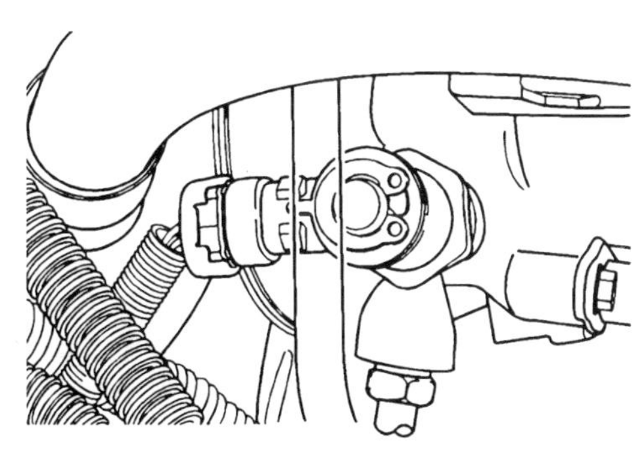

图 3–3–5　拆卸步骤 1

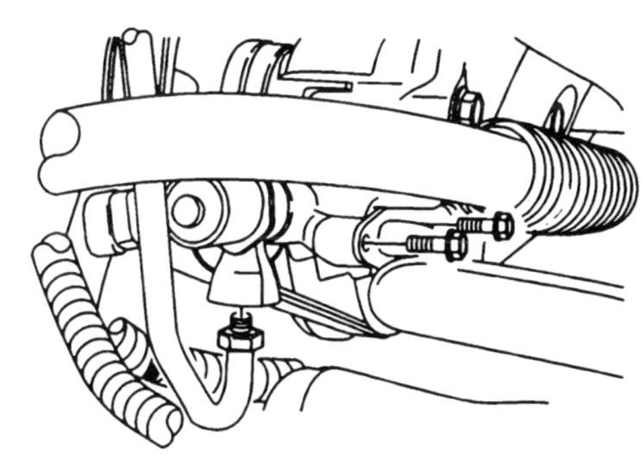

图 3–3–6　拆卸步骤 2

（3）步骤 3：从叶片式转向泵 右前 侧拆卸螺栓，如图 3–3–7 所示。

（4）步骤 4：拆卸两个叶片式转向泵螺栓，然后从车上拆卸 叶片式转向泵 ，如图 3–3–8 所示。

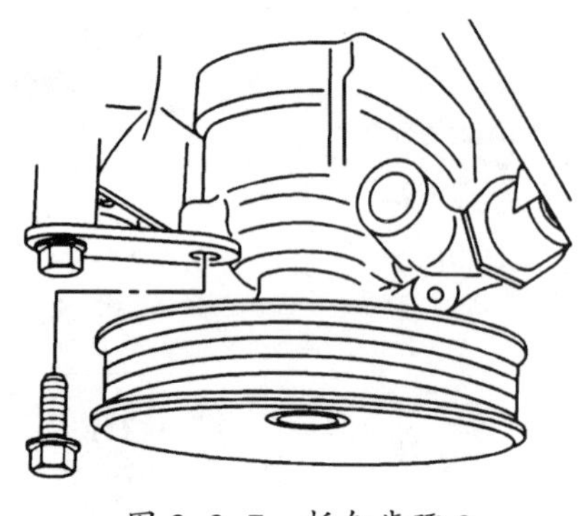
图 3–3–7　拆卸步骤 3

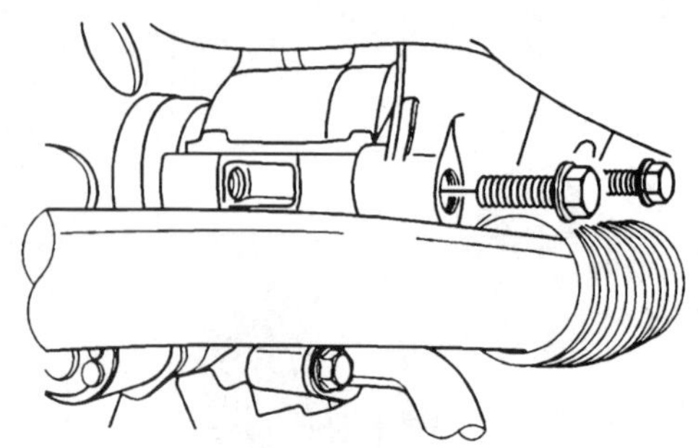
图 3–3–8　拆卸步骤 4

（5）安装步骤与拆卸步骤相反。

2．叶片式转向泵的分解与检查

（1）步骤 1：拆卸带轮，使用拆卸工具把带轮的固定螺栓拆下，取下带轮，检查是否变形，如图 3–3–9 所示。

（2）步骤 2：用卡簧钳拆下卡簧，检查卡簧是否有足够的 弹性 ，如图 3–3–10 所示。

（3）步骤 3：拆下叶片式转向泵的后盖，如图 3–3–11 所示，使用 塞尺 （工具）检查后壳的磨损与密封程度。

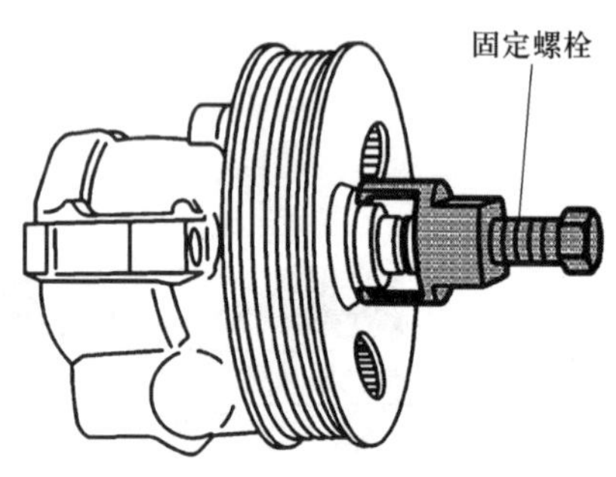

图 3–3–9　分解与检查步骤 1

图 3–3–10　分解与检查步骤 2

图 3–3–11　分解与检查步骤 3

（4）步骤 4：检查叶片式转向泵的泵体、叶片、叶片转子、泵体总成的磨损程度。

四、学习过程评价

学习过程评价见表 3–3–2。

表 3-3-2　　学习过程评价表

班级		姓名		学号		日期	年　月　日
序号	评价要点				配分	得分	总评
1	能正确识读和填写工作页，明确学习活动要求				10		A □（86～100） B □（76～85） C □（60～75） D □（60 以下）
2	能查阅资料，写出转向助力泵的作用及类型				10		
3	能查阅资料，写出叶片式转向泵的结构				10		
4	能按照规范完成转向助力泵的拆装				20		
5	能按照规范完成转向助力泵的分解与检查				20		
6	能遵守劳动纪律，以积极的态度接受工作任务				10		
7	能积极参与小组讨论，具有团队合作精神				10		
8	能及时完成教师布置的任务				10		
总　分					100		
小结建议							

学习活动 4　转向器的检查与更换

学习目标

1. 能描述齿轮齿条式转向器的结构与特点。
2. 能描述液压分配阀的作用与工作原理。
3. 能描述齿轮齿条式转向器的拆装要点及注意事项。
4. 能按照规范完成齿轮齿条式转向器主要零部件的检修。

建议学时：2 学时。

学习过程

一、齿轮齿条式转向器的结构与特点

1．齿轮齿条式转向器的结构

齿轮齿条式转向器主要由转向器壳、转向齿轮、转向齿条等组成，转向器通过转向器壳的两端用螺栓固定在车身（车架）上。齿轮齿条式转向器的结构如图 3-4-1 所示。

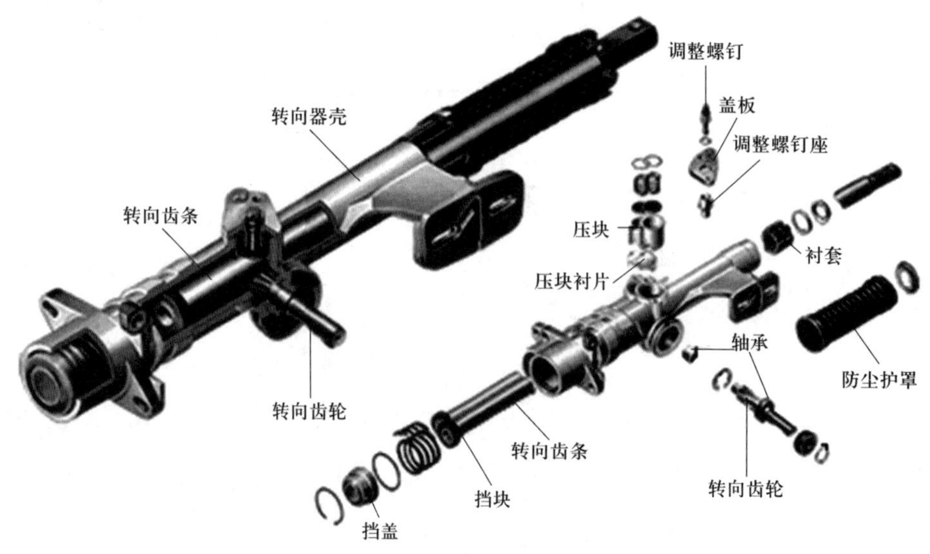

图 3-4-1　齿轮齿条式转向器的结构

2．齿轮齿条式转向器的特点

齿轮齿条式转向器结构简单、传动效率高、操纵轻便、重量轻。由于不需要转向摇臂和转向直拉杆，转向传动机构得以简化，有效地解决了逆传动效率高和实现转向器可变速比等技术问题。目前，这种转向器在前轮为独立悬架的中级以下轿车和轻型、微型货车上被广泛应用。

二、液压分配阀的作用与工作原理

1．液压分配阀的作用

查阅资料，写出液压分配阀的作用。

答：液压分配阀由转向盘连接转向管柱控制，通过转动转向盘改变液压分配阀的位置，从而改变助力转向油的流向，在汽车转向时起到助力作用。

2．液压分配阀的工作原理

当汽车直线行驶时，转向盘居中使液压分配阀居中，转向助力系统没有对汽车产生任何助力，此时转向助力油的流向如图 3–4–2 所示。

当汽车向右转向时，转向盘向右使液压分配阀向右偏转，转向助力系统对汽车产生向右的助力，此时转向助力油的流向如图 3–4–3 所示。

当汽车向左转向时，转向盘向左使液压分配阀向左偏转，转向助力系统对汽车产生向左的助力，此时转向助力油的流向如图 3–4–4 所示。

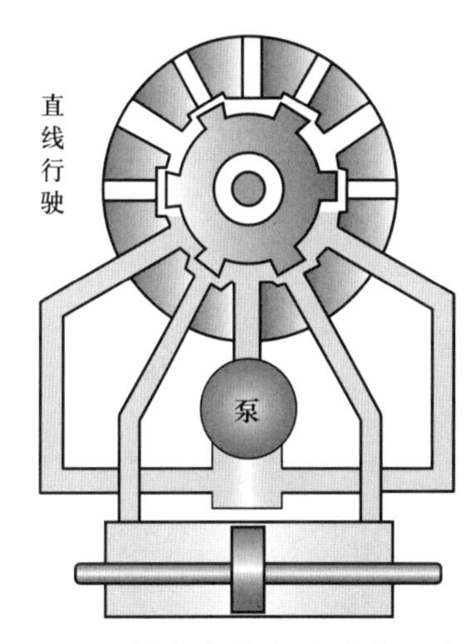

图 3–4–2　转向盘居中时的液压流动图

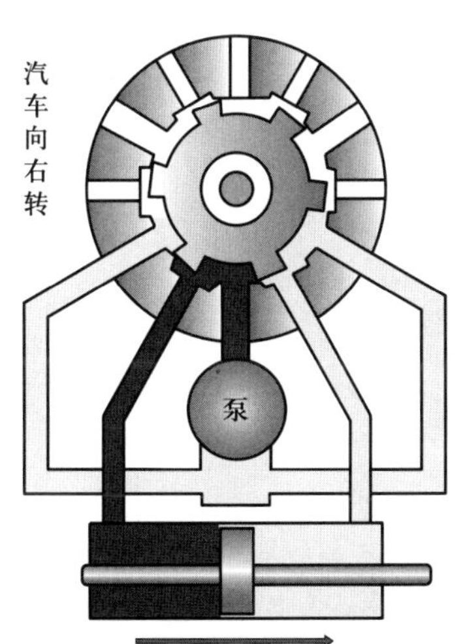

图 3–4–3　转向盘向右转时的液压流动图

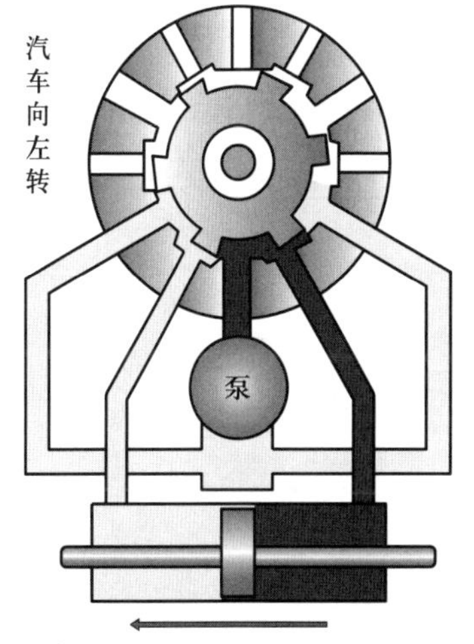

图 3–4–4　转向盘向左转时的液压流动图

三、齿轮齿条式转向器的拆装

1．转向横拉杆的拆装

（1）步骤 1：拆卸横拉杆时，用球节拆卸工具标记内转向横拉杆上的螺纹，并断开外转向横拉杆，如图 3–4–5 所示。

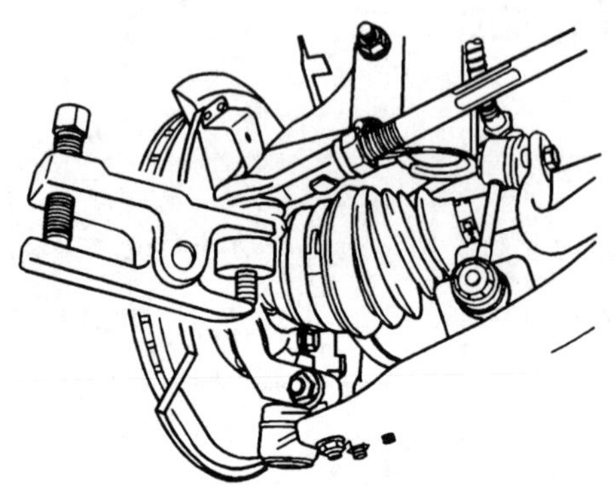

图 3–4–5　转向横拉杆拆卸步骤 1

（2）步骤 2：松开外转向横拉杆调整螺母，通过转动从内转向横拉杆上拆下＿外转向横拉杆＿，如图 3–4–6 所示。

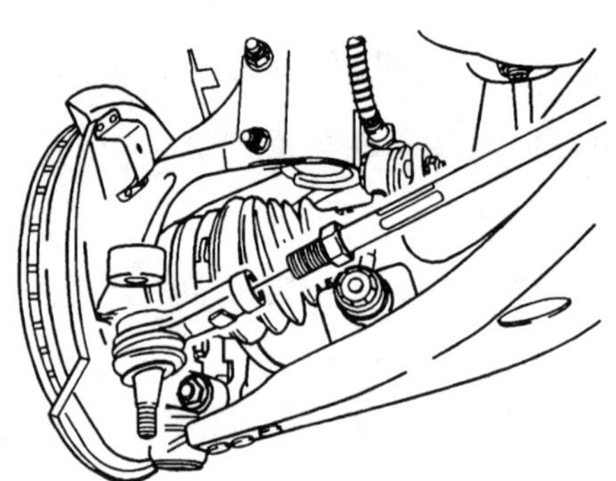

图 3–4–6　转向横拉杆拆卸步骤 2

（3）步骤 3：安装转向横拉杆时，对准＿内转向横拉杆＿上的标记，将调整螺母重新定位，通过转动将＿外转向横拉杆＿安装到内转向横拉杆上，如图 3–4–7 所示。

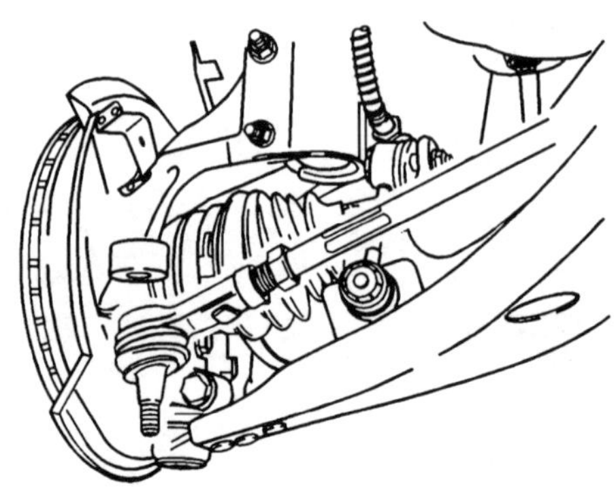

图 3–4–7　转向横拉杆安装步骤 1

（4）步骤4：将外转向横拉杆连接到转向节上，调整前束安装调节螺母、外调节螺母（力矩为64 N·m），安装外转向横拉杆螺母。紧固外转向横拉杆螺母（力矩为52 N·m），如图3–4–8所示。

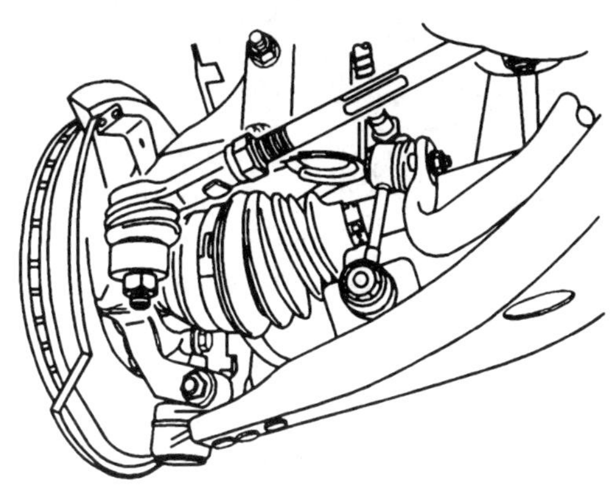

图3–4–8　转向横拉杆安装步骤2

2．防尘套的拆卸

拆卸外转向横拉杆，拆卸防尘套固定卡箍，拆下防尘套，如图3–4–9所示。

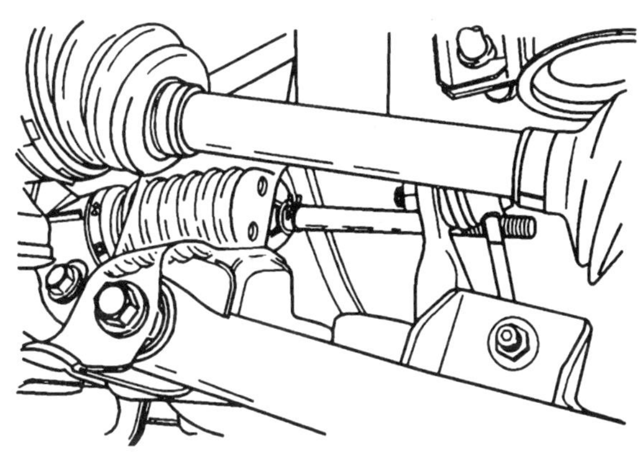

图3–4–9　防尘套的拆卸

3．齿轮齿条式转向器的拆卸

（1）步骤1：转动转向盘直到转向盘辐条处于垂直位置并指向左侧，使转向器置于正前位置。拆卸中间轴夹紧螺栓，使其对准中间轴下联轴节上的标记，在枢轴上刻印一个标记，如图3–4–10所示。

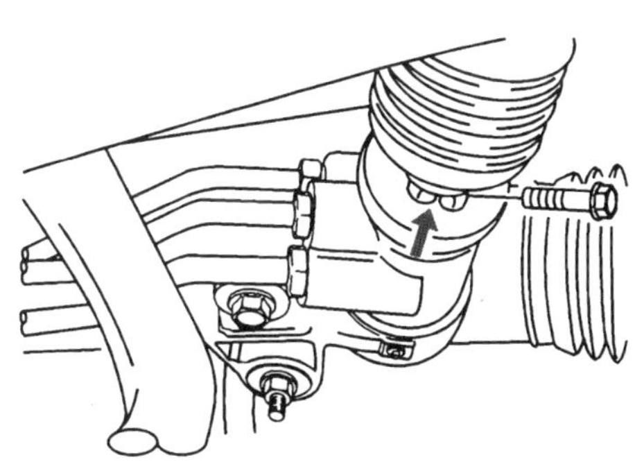

图3–4–10　齿轮齿条式转向器拆卸步骤1

（2）步骤 2：断开齿轮齿条式转向器的 转向助力油 管，如图 3-4-11 所示。

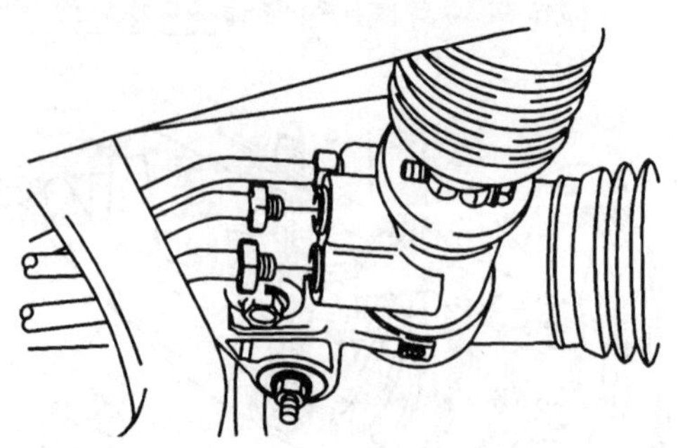

图 3-4-11　齿轮齿条式转向器拆卸步骤 2

（3）步骤 3：拆卸变速驱动桥中心托架至变速驱动桥和发动机的固定螺栓，从齿轮齿条式转向器安装架上拆卸螺母和螺栓，如图 3-4-12 所示。

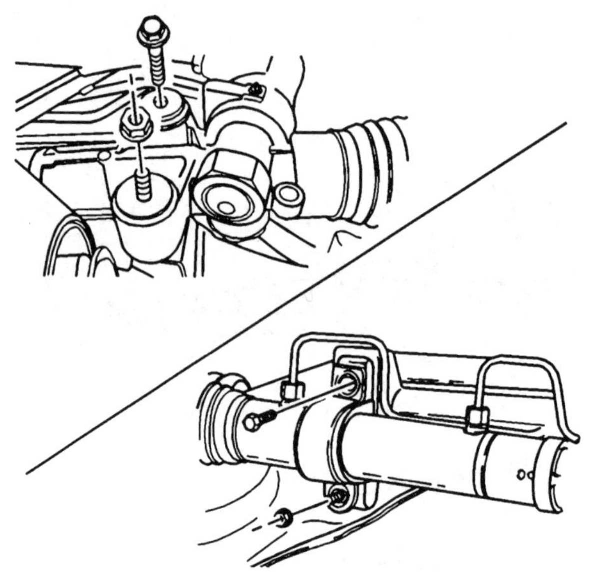

图 3-4-12　齿轮齿条式转向器拆卸步骤 3

（4）步骤 4：从横梁上的卡夹中拆卸齿轮齿条式转向器油管固定架，如图 3-4-13 所示。

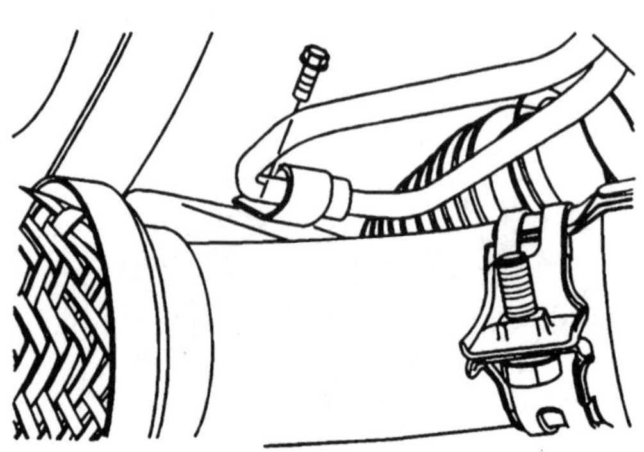

图 3-4-13　齿轮齿条式转向器拆卸步骤 4

4．齿轮齿条式转向器的分解与安装

（1）步骤1：从车上拆卸齿轮齿条式转向器总成，在齿轮齿条式转向器总成上拆卸 齿条轴承 总成标记 内转向横拉杆 上的螺栓，以便重新定位调整螺母，松开 调整螺母 并拆卸 外转向横拉杆螺母 和调整螺母，如图3–4–14所示。

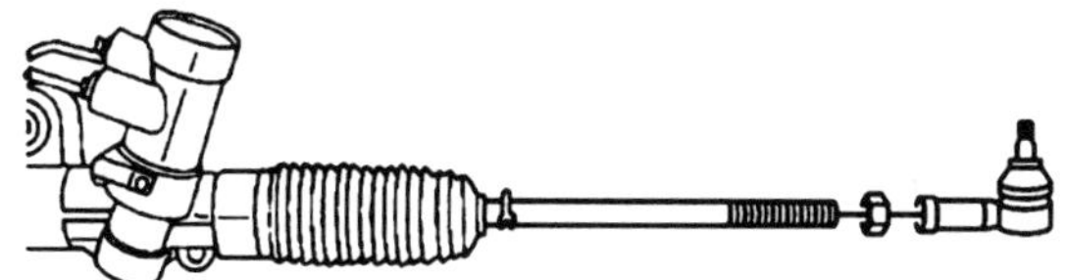

图3–4–14　齿轮齿条式转向器分解步骤1

（2）步骤2：拆卸防尘套固定卡箍，取下 卡箍 ，如图3–4–15所示。

图3–4–15　齿轮齿条式转向器分解步骤2

（3）步骤3：推回塑料固定器，保护内转向横拉杆和动力转向器 齿条 之间的连接，如图3–4–16所示。

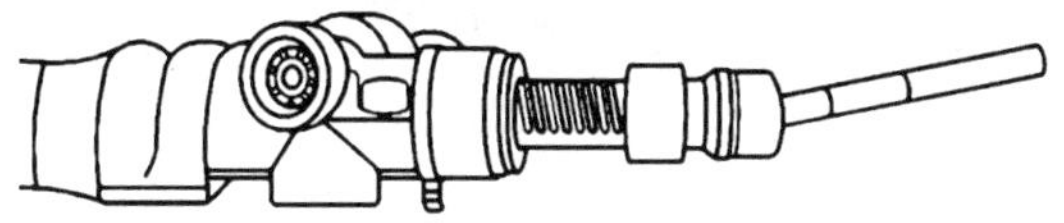

图3–4–16　齿轮齿条式转向器分解步骤3

（4）步骤4：将一块抹布放在齿条上，在齿条处用 扳手 握住齿条总成，并拆卸 小齿轮 侧内转向横拉杆，如图3–4–17所示。

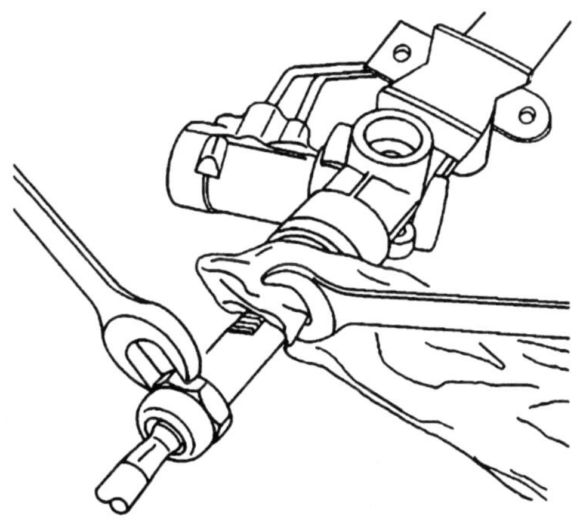

图3–4–17　齿轮齿条式转向器分解步骤4

（5）齿轮齿条式转向器总成安装顺序与拆卸顺序相反。

1）使调节螺母对准内转向横拉杆上的标记，将外转向横拉杆拧入内转向横拉杆进行安装。

2）安装调节螺母。

3）需要调整汽车前束。

4）更换齿轮齿条式转向器预紧轴承。

5）将齿轮齿条式转向器总成安装到汽车上。

6）紧固外转向横拉杆调整螺母（紧固力矩为 64 N·m）。

四、齿轮齿条式转向器的检修

1. 检查齿轮齿条式转向器外壳是否出现变形；分解并清洗转向器后，检查转向齿轮与齿条有无磨损与损坏，转向器壳体上是否有__裂纹__。注意：转向器上的零件不允许焊接或矫正，只能更换。

2. 检查转向齿条是否挠曲，齿面是否磨损或损坏，齿条背面是否磨损或损坏。图 3–4–18 所示为转向齿条挠度的检查，齿条挠度极限值为__0.15__mm。如果挠度超过规定值，应更换齿条。清洁齿条时，不能使用钢丝刷。

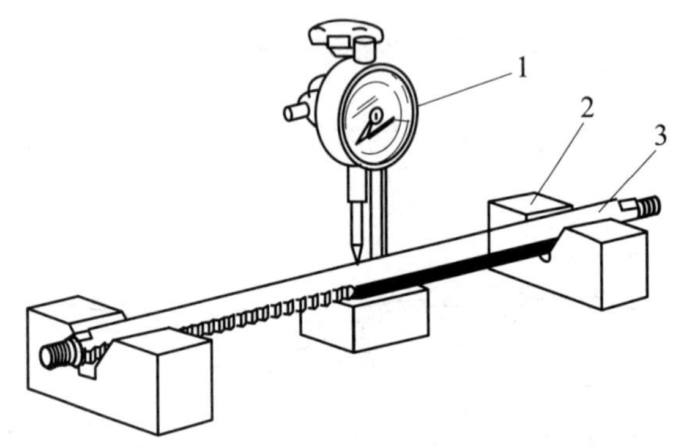

图 3–4–18　转向齿条挠度的检查

1—百分表　2—V 形架　3—转向齿条

3. 检查转向齿条衬套是否磨损或损坏。如果有不良情形，应更换转向器壳体。

4. 检查转向齿条导向座或压缩衬套是否磨损或损坏，检查齿条导向座弹簧是否弹性减弱。如果有不良情形，应予以更换。

五、学习过程评价

学习过程评价见表 3–4–1。

表 3–4–1　学习过程评价表

班级		姓名		学号		日期	年　月　日
序号	评价要点				配分	得分	总评
1	能正确识读和填写工作页，明确学习活动要求				10		A □（86 ~ 100） B □（76 ~ 85） C □（60 ~ 75） D □（60 以下）
2	能查阅资料，写出齿轮齿条式转向器的结构与特点				10		
3	能查阅资料，写出液压分配阀的作用与工作原理				10		

续表

<table>
<tr><th>序号</th><th>评价要点</th><th>配分</th><th>得分</th><th>总评</th></tr>
<tr><td>4</td><td>能按照规范完成齿轮齿条式转向器的拆装</td><td>20</td><td></td><td rowspan="6">A □（86 ~ 100）
B □（76 ~ 85）
C □（60 ~ 75）
D □（60 以下）</td></tr>
<tr><td>5</td><td>能按照规范完成齿轮齿条式转向器的检修</td><td>20</td><td></td></tr>
<tr><td>6</td><td>能遵守劳动纪律，以积极的态度接受工作任务</td><td>10</td><td></td></tr>
<tr><td>7</td><td>能积极参与小组讨论，具有团队合作精神</td><td>10</td><td></td></tr>
<tr><td>8</td><td>能及时完成教师布置的任务</td><td>10</td><td></td></tr>
<tr><td colspan="2">总　分</td><td>100</td><td></td></tr>
<tr><td>小结
建议</td><td colspan="4"></td></tr>
</table>

学习活动 5　转向助力电动机及控制线路的检修

学习目标

1. 能描述电子辅助转向系统的作用、组成、特点及工作原理。

2. 能识别电子辅助转向系统各零部件的安装位置。

3. 能按照规范完成转向助力电动机的拆装及零部件的检查。

4. 能按照规范完成转向助力电动机控制线路的检修。

建议学时：6 学时。

学习过程

一、电子辅助转向系统

1．电子辅助转向系统的作用

电子辅助转向系统也称 EPS（electrical power steering）系统，由电动机直接提供转向助力，省去了液压助力转向系统所必需的动力转向油泵、转向器等部件，具有调整简单、装置灵活，以及无论在何种工况下都能提供转向助力等特点。

2．电子辅助转向系统的组成

电子辅助转向系统一般由机械转向系统加上__扭矩传感器__、车速传感器、__助力机械装置__、减速器、__转向助力电动机__、__控制模块__等组成。电子辅助转向系统在传统机械转向系统的基础上，根据转向盘上的转矩信号和汽车的行驶车速信号，利用电子控制装置使电动机产生相应大小和方向的辅助动力，协助驾驶员进行转向操作。电子辅助转向系统的组成部件如图 3–5–1 所示。

3．电子辅助转向系统的特点

（1）降低了燃油消耗。

（2）增强了转向跟随性。

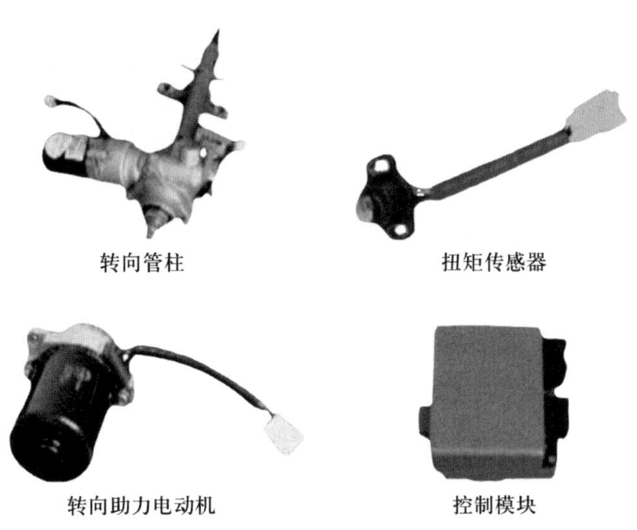

图 3-5-1　电子辅助转向系统的组成部件

（3）改善了转向回正特性。

（4）提高了操纵稳定性。

（5）提供可变的转向助力。

（6）系统结构简单，占用空间小，布置方便，性能优越。

4．电子辅助转向系统的工作原理

如图 3-5-2 所示，电子辅助转向系统工作时，转向传感器检测到转向轴上<u>转动力矩</u>和<u>转向盘</u>位置两个信号，与<u>车速传感器</u>测得的<u>车速信号</u>一起不断地输入电脑控制单元，电脑控制单元通过数据分析来决定<u>转动方向</u>和所需的<u>最佳助力值</u>，然后发出相应的指令给控制器，从而<u>驱动电动机</u>，通过转向助力装置实现汽车的转向。通过精确的控制算法，电子辅助转向系统可任意改变转向助力电动机的转矩大小，使传动机构获得所需的助力值。

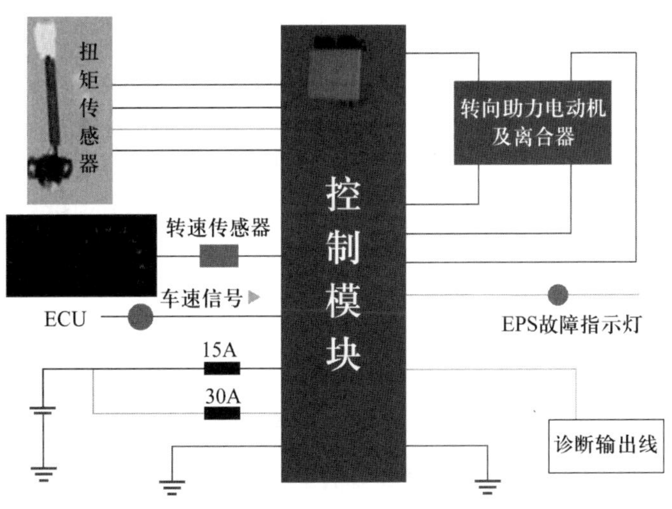

图 3-5-2　电子辅助转向系统的工作原理

二、电子辅助转向系统零部件的安装位置

EPS 系统零部件的安装位置如图 3–5–3、图 3–5–4 所示（以本田飞度为例）。

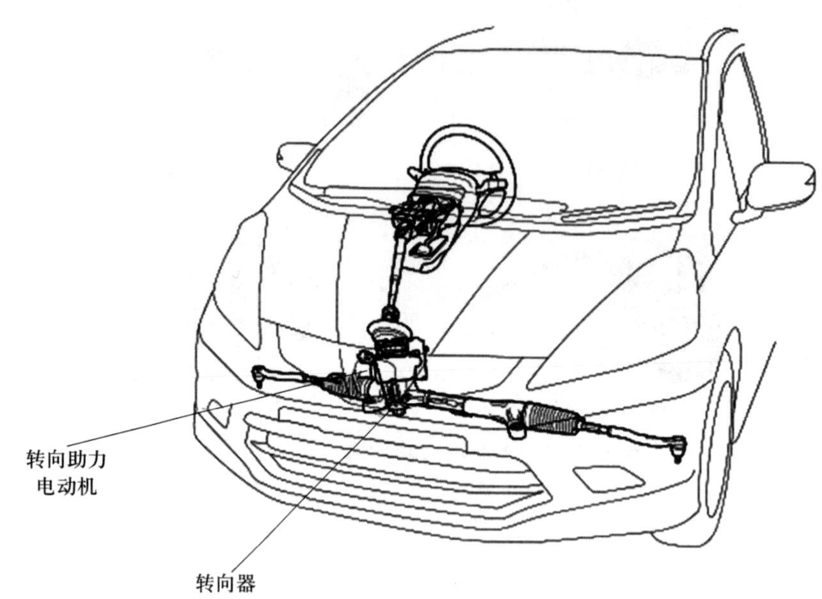

图 3–5–3　EPS 系统零部件的安装位置（前部）

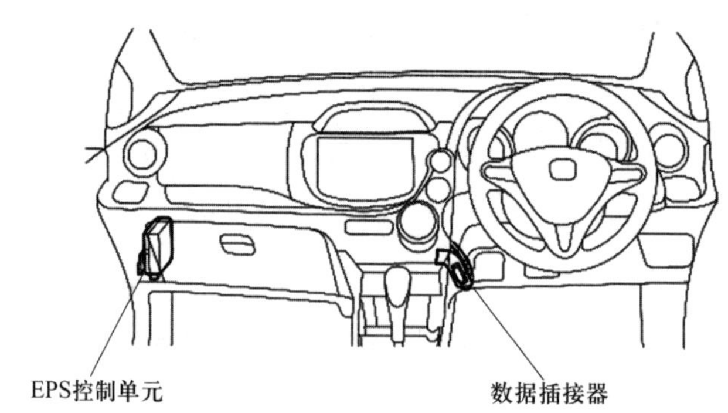

图 3–5–4　EPS 系统零部件的安装位置（车内）

三、转向助力电动机的拆装

1．转向助力电动机的拆卸

（1）步骤 1：从插接器托架＿B＿上拆下扭矩传感器 4 针插接器，如图 3–5–5 所示。

（2）步骤 2：拆下插接器托架安装螺栓＿A＿，然后拆下转向助力电动机和 O 形圈＿C＿，如图 3–5–6 所示。

2．转向助力电动机的安装

（1）步骤 1：清理转向助力电动机上的油污。

（2）步骤 2：将润滑脂涂抹到新的 O 形圈上，并小心地将 O 形圈安装到转向助力电动机上。

注意：涂抹硅基润滑脂时，确保不要涂到插接器端子和周围的开关上，也不要徒手（或戴蘸有硅基润滑脂的手套）触摸开关和插接器端子。

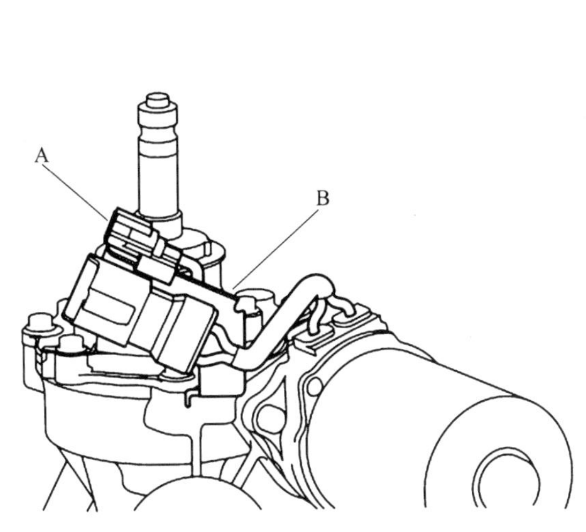

图 3-5-5　拆卸步骤 1

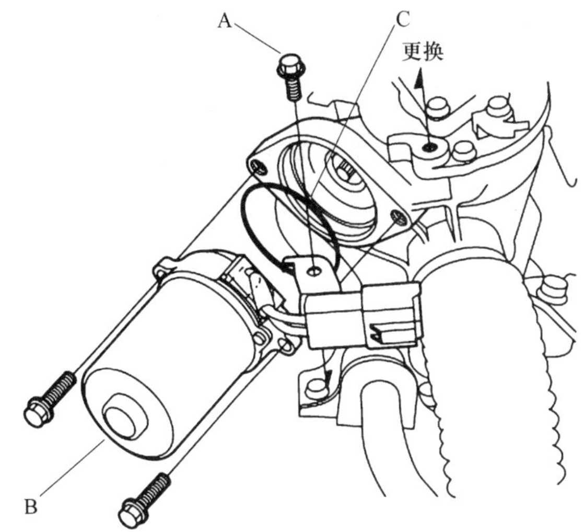

图 3-5-6　拆卸步骤 2

（3）步骤 3：将润滑脂涂到转向助力电动机的转动轴上。

（4）步骤 4：通过转向助力电动机轴和蜗轴将转向助力电动机安装到转向器上。

（5）步骤 5：将转向助力电动机向左右各转动约 45°，重复 2～3 次，确保将转向助力电动机平齐地安装在转向器上，并且 O 形圈没有卡在接合面之间。

（6）步骤 6：先松弛地拧上转向助力电动机安装螺栓，然后将转向盘向左右各转动约 45°，重复 2～3 次，再将转向助力电动机安装螺栓紧固至规定扭矩，将扭矩传感器 4 针插接器安装到插接器托架上。

四、转向助力电动机零部件的检查

1．将点火开关转至 ON 位置，使用故障诊断仪清除故障码。

2．将点火开关转至 LOCK 位置，起动发动机。

3．将转向盘从一个极限位置转到另一个极限位置数次，然后握住转向盘 10 s 或更长时间。

4．使用专用解码器读取故障码，出现间歇性故障，此时系统正常。检查转向助力电动机和 EPS 控制单元是否连接不良或端子松动。

5．将点火开关转至 LOCK 位置，断开 EPS 控制单元插接器 C（16 针）。

6．测量 EPS 控制单元插接器 C（16 针）的 2 号与 3 号端子之间的电阻，如图 3-5-7 所示。

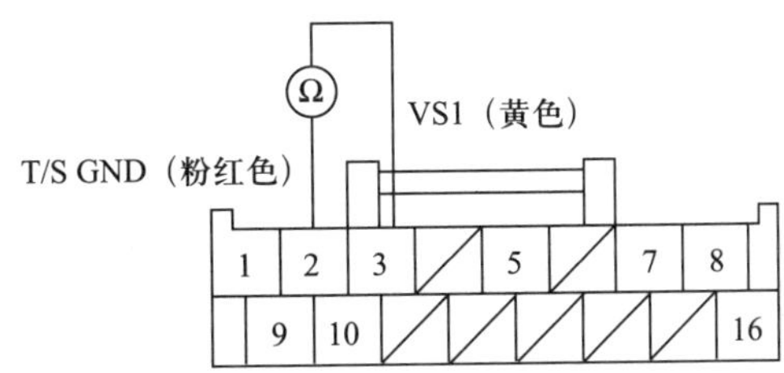

图 3-5-7　EPS 控制单元插接器端子之间电阻的测量

7．在扭矩传感器侧测量扭矩传感器 3 针插接器的 1 号与 2 号端子之间的电阻，如图 3-5-8 所示。检查电阻值是否为 10 Ω 或更低。

是——更换转向器；

否——修理 EPS 控制单元和扭矩传感器之间线束的短路问题。

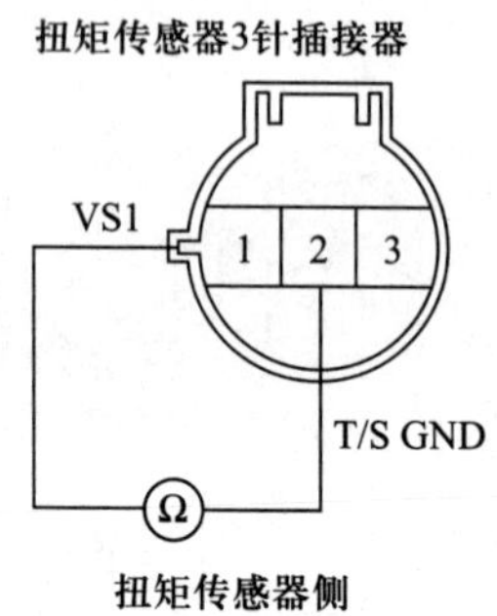

图 3-5-8 扭矩传感器侧插接器端子之间电阻的测量

五、转向助力电动机控制线路的检修

1．将点火开关转至 ON 位置，使用故障诊断仪清除故障码。

2．将点火开关转至 LOCK 位置，起动发动机。

3．将转向盘从一个极限位置转到另一个极限位置数次，然后握住转向盘 10 s 或更长时间。

4．使用专用解码器读取故障码，出现间歇性故障，此时系统正常。检查转向助力电动机和 EPS 控制单元是否连接不良或端子松动。

5．断开 EPS 控制单元插接器 B（2 针），检查扭矩传感器 3 针插接器的 1 号与 2 号端子之间是否导通，如图 3-5-9 所示。

6．断开转向助力电动机 2 针插接器。在转向助力电动机侧，检查转向助力电动机 2 针插接器的 1 号与 2 号端子之间是否导通，如图 3-5-10 所示。

是——修理 EPS 控制单元与转向助力电动机之间线束的断路故障；

否——更换转向助力电动机。

EPS控制单元插接器B（2针）

1 2

M-（绿色） M+（红色）

Ω

图 3-5-9 检查扭矩传感器 3 针插接器端子之间是否导通

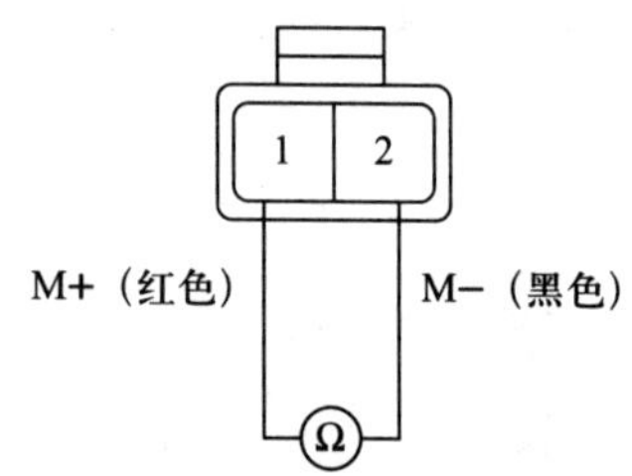

图 3-5-10 检查转向助力电动机 2 针插接器端子之间是否导通

六、学习过程评价

学习过程评价见表 3–5–1。

表 3–5–1　　学习过程评价表

<table>
<tr><td>班级</td><td></td><td>姓名</td><td></td><td>学号</td><td></td><td>日期</td><td>年　月　日</td></tr>
<tr><td>序号</td><td colspan="5">评价要点</td><td>配分</td><td>得分</td><td>总评</td></tr>
<tr><td>1</td><td colspan="5">能正确识读和填写工作页，明确学习活动要求</td><td>10</td><td></td><td rowspan="9">A □（86～100）
B □（76～85）
C □（60～75）
D □（60 以下）</td></tr>
<tr><td>2</td><td colspan="5">能查阅资料，描述电子辅助转向系统的作用、组成、特点及工作原理</td><td>10</td><td></td></tr>
<tr><td>3</td><td colspan="5">能查阅资料，识别电子辅助转向系统各零部件的安装位置</td><td>10</td><td></td></tr>
<tr><td>4</td><td colspan="5">能按照规范完成汽车转向助力电动机的拆装与零部件的检查</td><td>10</td><td></td></tr>
<tr><td>5</td><td colspan="5">能按照规范完成汽车转向助力电动机控制线路的检修</td><td>30</td><td></td></tr>
<tr><td>6</td><td colspan="5">能遵守劳动纪律，以积极的态度接受工作任务</td><td>10</td><td></td></tr>
<tr><td>7</td><td colspan="5">能积极参与小组讨论，具有团队合作精神</td><td>10</td><td></td></tr>
<tr><td>8</td><td colspan="5">能及时完成教师布置的任务</td><td>10</td><td></td></tr>
<tr><td colspan="6">总　分</td><td>100</td><td></td></tr>
<tr><td>小结
建议</td><td colspan="8"></td></tr>
</table>

学习活动 6　工作总结与评价

学习目标

1. 能以小组形式对学习过程和成果进行总结。
2. 能完成对学习过程的综合评价。

建议学时：4 学时。

学习过程

一、工作总结

按照世界技能大赛的要求，参赛选手应具有一定的组织规划能力和沟通、创新能力，这些能力在实际的生产工作中是十分必要的。以小组为单位，选择演示文稿、展板、海报、视频等形式中的一种或几种，向全班展示、汇报学习成果。

二、综合评价

针对本任务的学习情况，根据表 3–6–1 所列综合评价标准进行评分。

表 3–6–1　　综合评价标准

评价项目	评价内容及标准	配分	评分		
			自我评价	小组评价	教师评价
工作组织和管理	团队合作，合理计划，高效管理时间	3			
	定期检查工作进展和效果	3			
	保证高质量完成工作	4			
沟通能力	深度咨询客户，完全理解其要求	10			
	提供明确说明，准确回答客户疑问	10			
计划创新能力	及时处理工作中遇到的问题	10			
	提出创新性、可行性建议，提高客户满意度	10			

续表

评价项目	评价内容及标准	配分	评分		
			自我评价	小组评价	教师评价
专业知识	具备汽车转向系统各零部件的结构及工作原理等知识	10			
	具备汽车电子辅助转向系统控制线路原理等知识	10			
实践能力	具备转向助力泵故障检修技能	10			
	具备齿轮齿条式转向器检修技能	10			
	具备汽车电子辅助转向系统检修技能	10			
学生姓名		综合评价得分			
指导教师		日期			

三、学习任务三整体评价

学习任务三整体评价见表 3–6–2。

表 3–6–2　学习任务三整体评价表

项目	自我评价			小组评价			教师评价		
	10～9 分	8～6 分	5～1 分	10～9 分	8～6 分	5～1 分	10～9 分	8～6 分	5～1 分
	占总评 10%			占总评 30%			占总评 60%		
学习活动 1									
学习活动 2									
学习活动 3									
学习活动 4									
学习活动 5									
学习活动 6									
协作精神									
纪律观念									
表达与分析能力									
工作态度									
任务总体表现									
小计分									
总评分									

世赛知识

世界技能大赛重型车辆维修项目介绍

重型车辆维修项目已被列入第 43 届世界技能大赛。该项目主要考核选手对大型机械和工业设备的维修与保养、故障诊断与修理能力。大型机械和工业设备主要包括公路和非公路用车辆（机动式和拖曳式）、履带式或橡胶轮胎设备、地面结合设备及推土设备，主要用于采矿、林业、农业、园林绿化、材料处理和运输行业。选手须能够维护与修理固定的或可移动的内燃机和组件。

世界技能大赛重型车辆维修项目比赛共设置 7 个模块，分别是：柴油发动机系统维修，工作装置液压系统维修，电子与电气系统维修，传动系统维修，转向、制动和底盘系统维修，新车交付检查及精密测量。赛程 4 天，累计比赛时间 21 h。

1．模块 A：柴油发动机系统维修

熟悉发动机的组成、结构和工作原理。掌握利用解码器对发动机电控系统进行故障码读取、消码和查看数据流的技术，并能够编写书面报告。

2．模块 B：工作装置液压系统维修

熟悉挖掘机液压系统工作原理，掌握液压工作回路的控制要领，能借助解码器和监控器对液压系统进行故障诊断并编写书面报告。

3．模块 C：电子与电气系统维修

能借助维修手册熟悉车辆整车电气控制系统的组成，并完成整车电气系统的故障诊断与排除。

4．模块 D：传动系统维修

能借助维修手册熟悉车辆传动系统的组成，明确动力传递路线，明晰动力传递流程，能完成动力传动系统的故障诊断与排除。

5．模块 E：转向、制动和底盘系统维修

能借助维修手册熟悉转向、制动和底盘系统各零部件和总成的结构与原理，通过车辆故障现象准确判断故障原因，并完成转向、制动和底盘系统的故障诊断与排除。

6．模块 F：新车交付检查

熟悉车辆各部位功能，能根据作业清单完成相关项目的检测，如外观、管路及接头泄漏、润滑点检查等。

7．模块 G：精密测量

重点考核选手对测量工具的正确使用、校零和调整，能将测量值与维修手册数据进行比较，得出评价结果。

附　　录

附录1　汽车挂挡困难故障检修学习任务设计方案

专业名称	汽车维修	一体化课程名称	汽车底盘简单故障检修
学习任务	汽车挂挡困难故障检修	授课时数	40 学时
工作情境描述	车主李先生准备开车外出，发现车辆在换挡时挂挡困难，并伴有异常响声。他将车辆送到维修厂，维修厂前台接车员接待了李先生，经维修技师检查初步判断为汽车底盘传动系统故障。汽车维修人员需要根据维修手册相关要求，在规定时间内，参照维修资料完成离合器和变速器的检查与零部件的更换工作，自检合格后交付班组长验收。		
学习任务描述	在学习活动1中，教师扮演班组长，学生扮演维修工。学生领取汽车故障维修工单，在汽车上重现故障现象。在教师的引导下，学生观察并描述汽车底盘总体结构及各部分的作用；观察并描述汽车传动系统的组成及作用；在汽车上识别离合器和手动变速器的安装位置；最后描述汽车挂挡困难故障现象并分析其可能原因。 在学习活动2中，在教师的引导下，学生学习离合器操纵机构的组成，明确离合器踏板调整参数的定义，然后按照规范要求完成离合器踏板的检查与调整。 在学习活动3中，在教师的引导下，学生学习离合器的组成与主要零部件的作用，然后按照规范要求拆装离合器并检查其主要零部件，最后分析离合器常见故障原因。 在学习活动4中，在教师的引导下，学生学习手动变速器的组成与结构，然后按照规范要求拆装手动变速器并检查其主要零部件，最后分析手动变速器常见故障原因。 在学习活动5中，学生总结本次工作经验，并对学习活动进行正确评价。 在学习过程中，学生能按教师要求严格执行每个工作步骤，通过排除汽车挂挡困难故障，证明学生已经掌握了汽车挂挡困难故障现象的确认、故障原因的分析和故障诊断与排除方法。		
与其他任务的关系	该学习任务是汽车底盘简单故障检修一体化课程的重要任务，与该课程的其他学习任务组成完整的汽车底盘常见故障检修学习任务，学生学习汽车挂挡困难故障检修学习任务的知识后能举一反三，完成离合器和手动变速器的其他故障维修，为完成下一步学习任务打下基础。		
学生基础	具有基本的汽车机械拆检能力；能够与客户交流后了解汽车状况；具备填写维修工单的能力；具备根据故障现象查阅维修手册和资料阅读的能力；有安全文明生产、环保管理、6S 管理习惯；具有团队沟通合作意识。		

续表

学习目标	1. 能通过与客户交流、查阅相关维修技术资料等方式获取车辆信息。 2. 能根据任务要求制订合理的维修计划。 3. 能对汽车底盘总体结构及传动系统进行认知。 4. 能描述离合器和变速器的作用、组成、类型及工作原理。 5. 能识别离合器和变速器主要零部件，明确其作用。 6. 能查找汽车维修手册，对汽车离合器和变速器进行拆装、检查与调整。 7. 能根据维修计划，选择正确的工量具和诊断设备对汽车离合器和变速器进行检修。 8. 能对维修场地、设备进行日常维护和保养，按 6S 管理规定要求清理现场。 9. 能对相关资料、互联网资源进行检索，并完成维修工单、工作页的填写。 10. 能展示工作成果，进行任务评价，总结工作经验，优化检修方案。 11. 能在作业过程中严格按照企业操作规范操作，严格遵守安全生产制度、环保管理制度和从业人员职业道德，具有吃苦耐劳、爱岗敬业的工作态度和职业精神。
学习内容	1. 离合器和手动变速器的认知 （1）汽车底盘总体结构及各部分的作用。 （2）汽车传动系统的组成及作用。 （3）汽车传动系统常见的布置形式。 （4）离合器和手动变速器的安装位置。 （5）汽车挂挡困难故障现象及原因。 2. 离合器自由行程的检查与调整 （1）离合器操纵机构的组成。 （2）离合器踏板调整参数的定义。 （3）离合器踏板的检查与调整。 3. 离合器的检查与更换 （1）离合器的组成与主要零部件的作用。 （2）离合器的拆装。 （3）离合器主要零部件的检查。 （4）离合器常见故障原因。 4. 手动变速器的拆装与检查 （1）手动变速器的组成与结构。 （2）手动变速器的拆装。 （3）手动变速器主要零部件的检查。 （4）手动变速器常见故障原因。 5. 工作总结与评价 （1）工作总结与成果汇报方法。 （2）综合评价方法。

续表

教学条件	1. 教学场地：一体化教室、汽车实习维修车间等。 2. 实训设备：实训车辆、汽车离合器与变速器实训台架 4 台、多媒体设备、带网络的电脑等。 3. 工具：汽车维修常用工具等。 4. 量具：游标卡尺、塞尺、百分表、磁性表座、V 形架等。 5. 防护用品：汽车翼子板布、汽车驾驶室防护套装、抹布、工作服等。 6. 耗材：手动变速器齿轮油、零配件等。 7. 资料：汽车挂挡困难故障检修工作页、汽车维修手册、接车单、维修工单、评价表、安全操作规程等。
教学组织形式	1. 根据学习任务活动内容和班级人数，进行小组分工，并确定负责人。 2. 根据情景模拟，教师安排学生扮演角色，从资料室领取相关资料。 3. 根据学习任务活动环节，积极引导学生分析学习任务，明确学习重点和难点。 4. 对学习活动中的重点和难点，教师进行分析、操作演示和现场指导，帮助学生掌握重点和难点。 5. 以情景模拟的形式，教师安排学生扮演角色，从资料室领取维修工单、任务单、工量具等资料；严格按照 6S 管理要求，清扫、整理、维护和保养实训工具、设备、场地等。 6. 教师组织学生以小组或个人形式进行分析和总结，并汇报学习成果。
教学流程与活动	1. 离合器和手动变速器的认知（4 学时）。 2. 离合器踏板自由行程的检查与调整（4 学时）。 3. 离合器的检查与更换（8 学时）。 4. 手动变速器的拆装与检查（22 学时）。 5. 工作总结与评价（2 学时）。
评价内容与标准	1. 能通过与客户交流、查阅相关维修技术资料等方式获取车辆信息。 2. 能根据任务要求制订合理的维修计划。 3. 能查找汽车维修手册，对汽车离合器和变速器进行拆装、检查与调整等工作。 4. 能根据维修计划，选择正确的工量具和诊断设备对汽车离合器和变速器进行检修。 5. 能对维修场地设备进行日常维护和保养，按 6S 管理规定要求清理现场。 6. 能对相关资料、互联网资源进行检索，完成维修工单、工作页的填写。 7. 能在作业过程中严格按照企业操作规范操作，严格遵守安全生产制度、环保管理制度和从业人员职业道德，具有吃苦耐劳、爱岗敬业的工作态度和职业精神。

附录 2　汽车挂挡困难故障检修教学活动策划表

教学活动	学生学习活动	教师活动	学习内容	资源	评价点	学时	地点
学习活动1：离合器和手动变速器的认知	1. 领取维修工单和任务书 2. 记录工作任务要求 3. 实车确认汽车挂挡困难故障现象 4. 根据工作页指引收集资讯，实车认识离合器和手动变速器的安装位置，完成汽车底盘总体结构和传动系统的组成及作用的认知 5. 分组讨论、分析汽车挂挡困难故障原因 6. 分组制定汽车挂挡困难故障检修方案 7. 各组学生代表展示检修方案 8. 记录教师对各组检修方案的点评 9. 填写工作页，完成学习过程评价	1. 通过情景模拟法，教师扮演班组长，派发维修工单和任务书 2. 讲解工作任务要求 3. 组织学生实车确认汽车挂挡困难故障现象 4. 组织学生根据工作页指引收集资讯，实车认识离合器和手动变速器的安装位置，完成汽车底盘总体结构和传动系统的组成及作用的认知 5. 组织学生讨论、分析汽车挂挡困难故障原因 6. 组织学生分组制定汽车挂挡困难故障检修方案 7. 组织各组学生代表展示检修方案 8. 点评各组检修方案 9. 组织学生填写工作页并完成学习过程评价	1. 识读任务书 2. 确定挂挡困难故障现象 3. 汽车底盘总体结构及各部分的作用 4. 传动系统的组成及作用 5. 传动系统常见的布置形式 6. 离合器和手动变速器的安装位置 7. 汽车挂挡困难故障现象及原因分析	1. 工作页 2. 任务书 3. 维修工单 4. 电子课件 5. 参考教材 6. 汽车防护用品 7. 实训车辆 8. 多媒体设备 9. 白板4块、卡片纸若干、海报纸 4 张、剪刀4把、胶水4瓶、图钉若干	1. 任务书 2. 维修工单 3. 工作页 4. 表达能力 5. 小组活动 6. 汽车底盘知识 7. 故障确认能力 8. 检修方案制定能力	4	一体化教室

续表

教学活动	学生学习活动	教师活动	学习内容	资源	评价点	学时	地点
学习活动2：离合器踏板自由行程的检查与调整	1. 根据工作页指引收集资讯，完成离合器操纵机构的组成和踏板调整参数定义的认知 2. 观看离合器踏板的检查与调整视频 3. 分组梳理离合器踏板的检查与调整步骤 4. 被抽中的学生表述离合器踏板的检查与调整步骤 5. 记录教师的点评内容和教师讲解的离合器踏板检查与调整的安全注意事项 6. 分组在实车上进行离合器踏板的检查与调整实操 7. 填写工作页，完成学习过程评价	1. 组织学生根据工作页指引收集资讯，完成离合器操纵机构的组成和踏板调整参数定义的认知 2. 组织学生观看离合器踏板的检查与调整视频 3. 组织学生分组梳理离合器踏板的检查与调整步骤 4. 抽取学生表述离合器踏板的检查与调整步骤 5. 点评学生的表述内容，并讲解离合器踏板检查与调整的安全注意事项 6. 组织学生分组在实车上进行离合器踏板的检查与调整实操 7. 组织学生填写工作页并完成学习过程评价	1. 离合器操纵机构的组成 2. 离合器踏板调整参数的定义 3. 离合器踏板的检查与调整	1. 工作页 2. 任务书 3. 维修工单 4. 电子课件 5. 参考教材 6. 汽车防护用品 7. 实训车辆 8. 多媒体设备、能上网的电脑	1. 6S管理与安全生产 2. 离合器自由行程检查与调整能力 3. 表达能力 4. 小组活动 5. 维修工单 6. 工作页	4	一体化教室
学习活动3：离合器的检查与更换	1. 根据工作页指引收集资讯，完成离合器的组成与主要零部件的认知 2. 观看离合器拆装与零部件检查的视频 3. 分组梳理离合器的拆装步骤和零部件的检查要点 4. 被抽中的学生表述离合器的拆装步骤 5. 记录教师的点评内容和教师讲解离合器拆装的安全注意事项 6. 分组分解离合器 7. 分组检查离合器零部件 8. 分组装复离合器 9. 记录教师讲解的离合器的常见故障现象与原因 10. 填写工作页，完成学习过程评价	1. 组织学生根据工作页指引收集资讯，完成离合器的组成与主要零部件的认知 2. 组织学生观看离合器拆装与零部件检查的视频 3. 组织学生分组梳理离合器的拆装步骤和零部件的检查要点 4. 抽取学生表述离合器的拆装步骤 5. 点评学生的表述内容，并讲解离合器拆装的安全注意事项 6. 组织学生分组分解离合器 7. 组织学生分组检查离合器零部件 8. 组织学生分组装复离合器 9. 讲解离合器的常见故障现象与原因 10. 组织学生填写工作页并完成学习过程评价	1. 离合器的组成与主要零部件的作用 2. 离合器的拆装 3. 离合器主要零部件的检查 4. 离合器常见故障原因分析	1. 工作页 2. 任务书 3. 维修工单 4. 电子课件 5. 参考教材 6. 实训维修工具 7. 汽车防护用品 8. 实训车辆 9. 离合器教学台架 10. 多媒体设备、能上网的电脑	1. 6S管理与安全生产 2. 离合器拆装能力 3. 离合器零部件检查能力 4. 表达能力 5. 小组活动 6. 维修工单 7. 工作页	8	一体化教室

续表

教学活动	学生学习活动	教师活动	学习内容	资源	评价点	学时	地点
学习活动4：手动变速器的拆装与检查	1．根据工作页指引收集资讯，完成手动变速器的组成与结构的认知 2．观看手动变速器拆装与零部件检查的视频 3．分组梳理手动变速器的拆装步骤和零部件的检查要点 4．被抽中的学生表述手动变速器的拆装步骤 5．记录教师的点评内容和教师讲解手动变速器拆装的安全注意事项 6．分组拆解手动变速器并填写工作页 7．分组检查手动变速器零部件并填写工作页 8．分组装复手动变速器并填写工作页 9．认真观看教师演示操作，记录要点 10．记录教师讲解的手动变速器常见故障现象与原因 11．填写工作页，完成学习过程评价	1．组织学生根据工作页指引收集资讯，完成手动变速器的组成与结构的认知 2．组织学生观看手动变速器拆装与零部件检查的视频 3．组织学生分组梳理手动变速器的拆装步骤和零部件的检查要点 4．抽取学生表述手动变速器的拆装步骤 5．点评学生的表述内容，讲解手动变速器拆装的安全注意事项 6．组织学生分组拆解手动变速器 7．组织学生分组检查手动变速器零部件 8．组织学生分组装复手动变速器 9．巡回指导学生实操，必要时演示操作 10．讲解手动变速器的常见故障现象与原因 11．组织学生填写工作页并完成学习过程评价	1．手动变速器的组成与结构 2．手动变速器的拆装 3．手动变速器主要零部件的检查 4．手动变速器常见故障原因分析	1．工作页 2．任务书 3．维修工单 4．电子课件 5．参考教材 6．实训维修工具 7．汽车防护用品 8．实训车辆 9．手动变速器教学台架 10．多媒体设备、能上网的电脑	1．6S管理与安全生产 2．手动变速器拆装能力 3．手动变速器零部件检查能力 4．表达能力 5．小组活动 6．维修工单 7．工作页	22	一体化教室
学习活动5：工作总结与评价	1．总结汽车挂挡困难故障检修经验，现场展示学习成果 2．记录教师的点评内容 3．填写工作页，完成学习综合评价	1．组织和指导学生总结汽车挂挡困难故障检修经验 2．根据各组学生的学习环节表现进行综合评价 3．组织学生填写工作页并完成学习综合评价	1．工作总结与成果汇报方法 2．综合评价方法	工作页	1．经验总结能力 2．表达能力 3．工作页	2	一体化教室

附录 3 汽车行驶异响故障检修学习任务设计方案

<table>
<tr><td>专业名称</td><td>汽车维修</td><td>一体化课程名称</td><td>汽车底盘简单故障检修</td></tr>
<tr><td>学习任务</td><td>汽车行驶异响故障检修</td><td>授课时数</td><td>20 学时</td></tr>
<tr><td>工作情境描述</td><td colspan="3">近来，李先生发现自己的车辆（2007 年款丰田凯美瑞，行驶里程为 110 800 km）在行驶过程中有异常响声。经检查，车辆底盘有故障，异响可能来自万向传动装置或驱动桥，需要对该车底盘进行检修。汽车维修人员需要根据维修手册相关要求，在规定时间内，参照维修资料完成汽车万向传动装置和驱动桥的检查与零部件的更换工作，自检合格后交付班组长验收。</td></tr>
<tr><td>学习任务描述</td><td colspan="3">在学习活动 1 中，教师扮演班组长，学生扮演维修工。学生领取汽车故障维修工单，在汽车上重现故障现象，确定为汽车行驶异响故障。在教师的引导下，学生观察并描述汽车万向传动装置和驱动桥的组成及作用；在汽车上识别万向传动装置和驱动桥的安装位置。
在学习活动 2 中，在教师的引导下，学生按照规范要求拆装力向传动装置，检查万向节主要零部件。
在学习活动 3 中，在教师的引导下，学生按照规范要求拆装主减速器和差速器，检查并调整其主要零部件。
在学习活动 4 中，学生总结本次工作经验，并对学习活动进行正确评价。
在学习过程中，学生能按教师要求严格执行每个工作步骤，通过排除汽车行驶异响故障，证明学生已经掌握了汽车行驶异响故障现象的确认、故障原因的分析和故障诊断与排除方法。</td></tr>
<tr><td>与其他任务的关系</td><td colspan="3">该学习任务是汽车底盘简单故障检修一体化课程的重要任务，与该课程的其他学习任务组成完整的汽车底盘常见故障检修学习任务，学生学习汽车行驶异响故障检修学习任务的知识后能举一反三，完成万向传动装置和驱动桥的其他故障维修，为完成下一步学习任务打下基础。</td></tr>
<tr><td>学生基础</td><td colspan="3">具有基本的汽车机械拆检能力；能够与客户交流后了解汽车状况；具备填写维修工单的能力；具备根据故障现象查阅维修手册和资料阅读的能力；有安全文明生产、环保管理、6S 管理习惯；具有团队沟通合作意识。</td></tr>
<tr><td>学习目标</td><td colspan="3">1. 能通过与客户交流、查阅相关维修技术资料等方式获取车辆信息。
2. 能根据任务要求制订合理的维修计划。
3. 能描述万向传动装置的安装位置、作用及组成。
4. 能识别驱动桥的主要组成部件，熟悉各部件的作用。
5. 能查找汽车维修手册，对万向传动装置进行拆装与检修。
6. 能查找汽车维修手册，对汽车驱动桥进行拆装、检查与调整。
7. 能根据维修计划，选择正确的检查和诊断设备进行检修。
8. 能对维修场地、设备进行日常维护和保养，按 6S 管理规定要求清理现场。
9. 能对相关资料、互联网资源进行检索，并完成维修工单、工作页的填写。
10. 能展示工作成果，进行任务评价，总结工作经验，优化检修方案。
11. 能在作业过程中严格按照企业操作规范操作，严格遵守安全生产制度、环保管理制度和从业人员职业道德，具有吃苦耐劳、爱岗敬业的工作态度和职业精神。</td></tr>
<tr><td>学习内容</td><td colspan="3">1. 万向传动装置和驱动桥的认知
（1）万向传动装置的认知。
（2）万向传动装置的组成。
（3）驱动桥的认知。
（4）驱动桥的组成。</td></tr>
</table>

续表

学习内容	2. 万向传动装置的拆装与检修 （1）万向传动装置的拆装。 （2）万向传动装置的检修。 3. 主减速器、差速器的拆装、检查与调整 （1）主减速器、差速器的拆装。 （2）主减速器、差速器的检查与调整。 4. 工作总结与评价 （1）工作总结与成果汇报方法。 （2）综合评价方法。
教学条件	1. 教学场地：一体化教室、汽车实习维修车间等。 2. 实训设备：实训车辆、汽车万向传动装置与驱动桥实训台架 4 台、多媒体设备、带网络的电脑等。 3. 工具：汽车维修常用工具等。 4. 量具：游标卡尺、塞尺、百分表、磁性表座、V 形架等。 5. 防护用品：汽车翼子板布、汽车驾驶室防护套装、抹布、工作服等。 6. 耗材：齿轮油、零配件等。 7. 资料：汽车行驶异响故障检修工作页、汽车维修手册、接车单、维修工单、评价表、安全操作规程等。
教学组织形式	1. 根据学习任务活动内容和班级人数，进行小组分工，并确定负责人。 2. 根据情景模拟，教师安排学生扮演角色，从资料室领取相关资料。 3. 根据学习任务活动环节，积极引导学生分析学习任务，明确学习重点和难点。 4. 对学习活动中的重点和难点，教师进行分析、操作演示和现场指导，帮助学生掌握重点和难点。 5. 以情景模拟的形式，教师安排学生扮演角色，从资料室领取维修工单、任务单、工量具等资料；严格按照 6S 管理要求，清扫、整理、维护和保养实训工具、设备、场地等。 6. 教师组织学生以小组或个人形式进行分析和总结，并汇报学习成果。
教学流程与活动	1. 万向传动装置和驱动桥的认知（4 学时）。 2. 万向传动装置的拆装与检修（4 学时）。 3. 主减速器、差速器的检查与调整（8 学时）。 4. 工作总结与评价（4 学时）。
评价内容与标准	1. 能通过与客户交流、查阅相关维修技术资料等方式获取车辆信息。 2. 能根据任务要求制订合理的维修计划。 3. 能查找汽车维修手册，对汽车万向传动装置和驱动桥进行拆装、检查与调整等工作。 4. 能根据维修计划，选择正确的工量具和诊断设备对汽车万向传动装置和驱动桥进行检修。 5. 能对维修场地设备进行日常维护和保养，按 6S 管理规定要求清理现场。 6. 能对相关资料、互联网资源进行检索，完成维修工单、工作页的填写。 7. 能在作业过程中严格按照企业操作规范操作，严格遵守安全生产制度、环保管理制度和从业人员职业道德，具有吃苦耐劳、爱岗敬业的工作态度和职业精神。

附录 4　汽车行驶异响故障检修教学活动策划表

教学活动	学生学习活动	教师活动	学习内容	资源	评价点	学时	地点
学习活动 1：万向传动装置和驱动桥的认知	1. 领取维修工单和任务书 2. 记录工作任务要求 3. 实车确认汽车行驶异响故障现象 4. 根据工作页指引收集资讯，实车认识万向传动装置和驱动桥的安装位置，完成万向传动装置和驱动桥的组成及作用的认知 5. 分组讨论、分析汽车行驶异响故障原因 6. 分组制定汽车行驶异响故障检修方案 7. 各组学生代表展示检修方案 8. 记录教师对各组检修方案的点评 9. 填写工作页，完成学习过程评价	1. 通过情景模拟法，教师扮演班组长，派发维修工单和任务书 2. 讲解工作任务要求 3. 组织学生实车确认汽车行驶异响故障现象 4. 组织学生根据工作页指引收集资讯，实车认识万向传动装置与驱动桥的安装位置，完成万向传动装置和驱动桥的组成及作用的认知 5. 组织学生讨论、分析汽车行驶异响故障原因 6. 组织学生分组制定汽车行驶异响故障检修方案 7. 组织各组学生代表展示检修方案 8. 点评各组检修方案 9. 组织学生填写工作页并完成学习过程评价	1. 识读任务书 2. 确定行驶异响故障现象 3. 万向传动装置的组成及作用 4. 驱动桥的组成及作用 5. 万向传动装置与驱动桥的安装位置 6. 汽车行驶异响故障现象及原因分析	1. 工作页 2. 任务书 3. 维修工单 4. 电子课件 5. 参考教材 6. 汽车防护用品 7. 实训车辆 8. 多媒体设备 9. 白板 4 块、卡片纸若干、海报纸 4 张、剪刀 4 把、胶水 4 瓶、图钉若干	1. 任务书 2. 维修工单 3. 工作页 4. 表达能力 5. 小组活动 6. 汽车底盘知识 7. 故障确认能力 8. 检修方案制定能力	4	一体化教室

续表

教学活动	学生学习活动	教师活动	学习内容	资源	评价点	学时	地点
学习活动2：万向传动装置的拆装与检修	1. 根据工作页指引收集资讯，完成万向传动装置的认知 2. 观看十字轴万向传动装置与等速万向传动装置的拆装及检查视频 3. 分组梳理十字轴万向传动装置与等速万向传动装置的拆装及检查步骤 4. 被抽中的学生表述十字轴万向传动装置与等速万向传动装置的拆装及检查步骤 5. 记录教师的点评内容和教师讲解的十字轴万向传动装置与等速万向传动装置的拆装及检查的安全注意事项 6. 分组在实车上进行十字轴万向传动装置与等速万向传动装置的拆装及检查实操 7. 填写工作页，完成学习过程评价	1. 组织学生根据工作页指引收集资讯，完成万向传动装置的认知 2. 组织学生观看十字轴万向传动装置与等速万向传动装置的拆装及检查视频 3. 组织学生分组梳理十字轴万向传动装置与等速万向传动装置的拆装及检查步骤 4. 抽取学生表述十字轴万向传动装置与等速万向传动装置的拆装及检查步骤 5. 点评学生的表述内容，并讲解十字轴万向传动装置与等速万向传动装置的拆装及检查的安全注意事项 6. 组织学生分组在实车上进行十字轴万向传动装置与等速万向传动装置的拆装及检查实操 7. 组织学生填写工作页并完成学习过程评价	1. 万向传动装置的拆装 2. 万向传动装置的检修	1. 工作页 2. 任务书 3. 维修工单 4. 电子课件 5. 参考教材 6. 汽车防护用品 7. 实训车辆 8. 多媒体设备、能上网的电脑	1. 6S管理与安全生产 2. 万向传动装置的拆装与检查能力 3. 表达能力 4. 小组活动 5. 维修工单 6. 工作页	4	一体化教室

续表

教学活动	学生学习活动	教师活动	学习内容	资源	评价点	学时	地点
学习活动3：主减速器、差速器的检查与调整	1．根据工作页指引收集资讯，完成驱动桥的认知 2．观看主减速器与差速器的检查与调整视频 3．分组梳理主减速器与差速器的检查与调整步骤 4．被抽中的学生表述主减速器与差速器的检查与调整步骤 5．记录教师的点评内容和教师讲解的主减速器与差速器的检查与调整的安全注意事项 6．分组在实车上进行主减速器与差速器的检查与调整实操 7．填写工作页，完成学习过程评价	1．组织学生根据工作页指引收集资讯，完成驱动桥的认知 2．组织学生观看主减速器与差速器的检查与调整视频 3．组织学生分组梳理主减速器与差速器的检查与调整步骤 4．抽取学生表述主减速器与差速器的检查与调整步骤 5．点评学生的表述内容，并讲解主减速器与差速器的检查与调整的安全注意事项 6．组织学生分组在实车上进行主减速器与差速器的检查与调整实操 7．组织学生填写工作页并完成学习过程评价	1．主减速器与差速器的检查 2．主减速器与差速器的调整	1．工作页 2．任务书 3．维修工单 4．电子课件 5．参考教材 6．汽车防护用品 7．实训车辆 8．多媒体设备、能上网的电脑	1．6S管理与安全生产 2．主减速器与差速器的拆装与检查能力 3．表达能力 4．小组活动 5．维修工单 6．工作页	8	一体化教室
学习活动4：工作总结与评价	1．总结汽车行驶异响故障检修经验，现场展示学习成果 2．记录教师的点评内容 3．填写工作页，完成学习综合评价	1．组织和指导学生总结汽车行驶异响故障检修经验 2．根据各组学生的学习环节表现进行综合评价 3．组织学生填写工作页并完成学习综合评价	1．工作总结与成果汇报方法 2．综合评价方法	工作页	1．经验总结能力 2．表达能力 3．工作页	4	一体化教室

附录5　汽车转向沉重故障检修学习任务设计方案

专业名称	汽车维修	一体化课程名称	汽车底盘简单故障检修
学习任务	汽车转向沉重故障检修	授课时数	20学时
工作情境描述	某客户抱怨车辆在转向时，感觉转向盘转向沉重，过弯转向费力。车主将该车送入维修站后，经班组长检查初步判断为转向沉重故障。汽车维修人员需要对相关部件进行拆检，根据维修手册相关要求，在规定时间内，参照维修资料完成转向系统的检查与零部件的更换工作，自检合格后交付班组长验收。		
学习任务描述	在学习活动1中，教师扮演班组长，学生扮演维修工。学生领取汽车故障维修工单，在汽车上重现故障现象，确定为汽车转向沉重故障。在教师的引导下，学生能描述汽车转向系统的作用、类型和特点；能描述汽车转向系统的组成及各组成零部件的作用和安装位置；能描述转向器的类型；能描述汽车转向沉重故障现象并分析可能的原因。 在学习活动2中，在教师的引导下，学生掌握了转向助力油的相关知识。在教师的实操指导下，学生能按照规范完成实训车辆转向助力油液位与油品的检查；完成实训车辆转向助力油的更换；完成实训车辆转向系统管路泄漏的检查。 在学习活动3中，在教师的引导下，学生能描述转向助力泵的作用及类型；能描述叶片式转向泵的结构。在教师的实操指导下，学生能按照规范完成转向助力泵的拆装与零部件的检修。 在学习活动4中，在教师的引导下，学生能描述齿轮齿条式转向器的结构与特点；能描述液压分配阀的作用与工作原理；能描述齿轮齿条式转向器的拆装要点及注意事项；在教师的实操指导下，学生在维修车间能按照规范完成齿轮齿条式转向器的拆装及零部件的检修。 在学习活动5中，在教师的引导下，学生能描述电子辅助转向系统的作用、组成、特点及工作原理；能识别电子辅助转向系统各零部件的安装位置；在教师的实操指导下，学生能按照规范完成转向助力电动机的拆装及零部件的检修；完成转向助力电动机控制线路的检修。 在学习活动6中，学生总结本次工作经验，并对学习活动进行正确评价。 在学习过程中，学生能按教师要求严格执行每个工作步骤，通过排除汽车转向沉重故障，证明已经掌握了汽车转向沉重故障现象的确认、故障原因的分析和故障诊断与排除方法。		
与其他任务的关系	该学习任务是汽车底盘简单故障检修一体化课程的重要任务，与该课程的其他学习任务组成完整的汽车底盘常见故障检修学习任务，学生学习汽车转向沉重故障检修学习任务的知识后能举一反三，完成转向系统的其他故障维修，为完成下一步学习任务打下基础。		
学生基础	具有基本的汽车机械拆检能力；能使用汽车故障诊断仪读取汽车故障码；能与客户交流后了解汽车状况；具备填写维修工单的能力；具备根据故障现象查阅维修手册和资料阅读的能力；有安全文明生产、环保管理、6S管理习惯；具有团队沟通合作意识。		
学习目标	1. 能通过与客户交流、查阅相关维修技术资料等方式获取车辆信息。 2. 能根据任务要求制订合理的维修计划。 3. 能描述汽车转向系统的作用、类型及特点。 4. 能识别转向系统主要零部件，熟悉各零部件的作用和安装位置。		

续表

学习目标	5．能查找汽车维修手册，对汽车转向系统零部件进行拆装、检查、更换和检修。 6．能根据维修计划，选择正确的工量具和诊断设备对汽车转向系统进行检修。 7．能对维修场地、设备进行日常维护和保养，按6S管理规定要求清理现场。 8．能对相关资料、互联网资源进行检索，并完成维修工单、工作页的填写。 9．能展示工作成果，进行任务评价，总结工作经验，优化检修方案。 10．能在作业过程中严格按照企业操作规范操作，严格遵守安全生产制度、环保管理制度和从业人员职业道德，具有吃苦耐劳、爱岗敬业的工作态度和职业精神。
学习内容	1．汽车转向系统的认知 （1）汽车转向系统的作用。 （2）汽车转向系统的类型。 （3）转向器的类型。 （4）汽车转向系统零部件的认识。 （5）汽车转向沉重故障确认与原因分析。 2．转向助力油及管路的检查与更换 （1）转向助力油的认识。 （2）转向助力油的检查。 （3）转向助力油的更换。 （4）转向系统管路泄漏的检查。 3．转向助力泵的拆装与检查 （1）转向助力泵的作用及类型。 （2）叶片式转向泵的结构。 （3）叶片式转向泵的拆装与检查。 4．转向器的检查与更换 （1）齿轮齿条式转向器的结构与特点。 （2）液压分配阀的作用与工作原理。 （3）齿轮齿条式转向器的拆装。 （4）齿轮齿条式转向器的检修。 5．转向助力电动机及控制线路的检修 （1）电子辅助转向系统零部件的安装位置。 （2）转向助力电动机的拆装。 （3）转向助力电动机零部件的检查。 （4）转向助力电动机控制线路的检修。 6．工作总结与评价 （1）工作总结与成果汇报方法。 （2）综合评价方法。
教学条件	1．教学场地：一体化教室、汽车实习维修车间等。 2．实训设备：实训车辆、液压辅助转向教学台架（齿轮齿条式）、液压辅助转向教学台架（齿轮齿条式）、汽车专业检测仪、齿轮齿条式汽车转向系统拆件（整套）、汽车油液回收装置、汽车升降台、多媒体设备等。 3．工具：汽车维修常用工具等。

续表

教学条件	4．量具：汽车万用表、塞尺、百分表、磁性表座、V 形架等。 5．防护用品：汽车翼子板布、汽车驾驶室防护套装、抹布、工作服等。 6．耗材：转向助力油、电线等。 7．资料：汽车转向沉重故障检修工作页、汽车维修手册、接车单、维修工单、评价表、安全操作规程等。
教学组织形式	1．根据学习任务活动内容和班级人数，进行小组分工，并确定负责人。 2．根据情景模拟，教师安排学生扮演角色，从资料室领取相关资料。 3．根据学习任务活动环节，积极引导学生分析学习任务，明确学习重点和难点。 4．对学习活动中的重点和难点，教师进行分析、操作演示和现场指导，帮助学生掌握重点和难点。 5．以情景模拟的形式，教师安排学生扮演角色，从资料室领取维修工单、任务单、工量具等资料；严格按照 6S 管理要求，清扫、整理、维护和保养实训工具、设备、场地等。 6．教师组织学生以小组或个人形式进行分析和总结，并汇报学习成果。
教学流程与活动	1．汽车转向系统的认知（4 学时）。 2．转向助力油及管路的检查与更换（2 学时）。 3．转向助力泵的拆装与检查（2 学时）。 4．转向器的检查与更换（2 学时）。 5．转向助力电动机及控制线路的检修（6 学时）。 6．工作总结与评价（4 学时）。
评价内容与标准	1．能通过与客户交流、查阅相关维修技术资料等方式获取车辆信息。 2．能根据任务要求制订合理的维修计划。 3．能查找汽车维修手册，对汽车转向系统进行拆装、检查与调整等工作。 4．能根据维修计划，选择正确的工量具和诊断设备对汽车转向系统零部件总成与汽车电控转向系统进行检修。 5．能对维修场地设备进行日常维护和保养，按 6S 管理规定要求清理现场。 6．能对相关资料、互联网资源进行检索，完成维修工单、工作页的填写。 7．能在作业过程中严格按照企业操作规范操作，严格遵守安全生产制度、环保管理制度和从业人员职业道德，具有吃苦耐劳、爱岗敬业的工作态度和职业精神。

附录 6　汽车转向沉重故障检修教学活动策划表

教学活动	学生学习活动	教师活动	学习内容	资源	评价点	学时	地点
学习活动1：汽车转向系统的认知	1．领取维修工单和任务书 2．记录工作任务要求 3．实车确认汽车转向沉重故障现象 4．根据工作页指引收集资讯，实车认识汽车转向系统各零部件的安装位置，完成汽车转向系统零部件的组成及作用的认知 5．分组讨论、分析汽车转向沉重故障原因 6．分组制定汽车转向沉重故障检修方案 7．各组学生代表展示检修方案 8．记录教师对各组检修方案的点评 9．填写工作页，完成学习过程评价	1．通过情景模拟法，教师扮演班组长，学生扮演维修工，派发维修工单和任务书 2．讲解工作任务要求 3．组织学生实车确认汽车转向沉重故障现象 4．组织学生根据工作页指引收集资讯，实车学习认识转向系统各零部件的安装位置，完成汽车转向系统的组成及作用的认知 5．组织学生讨论、分析汽车转向沉重故障原因 6．组织学生分组制定汽车转向沉重故障检修方案 7．组织各组学生代表展示检修方案 8．点评各组检修方案 9．组织学生填写工作页并完成学习过程评价	1．识读任务书 2．确定转向困难故障现象 3．汽车转向系统的作用与类型 4．汽车转向系统的组成 5．转向器的类型 6．汽车转向系统零部件的认识 7．汽车转向沉重故障现象及原因分析	1．工作页 2．任务书 3．维修工单 4．电子课件 5．参考教材 6．汽车防护用品 7．实训车辆 8．液压辅助转向教学台架（齿轮齿条式） 9．多媒体设备 10．白板4块、卡片纸若干、海报纸4张、剪刀4把、胶水4瓶、图钉若干	1．任务书 2．维修工单 3．工作页 4．表达能力 5．小组活动 6．汽车底盘知识 7．故障确认能力 8．检修方案制定能力	4	一体化教室

续表

教学活动	学生学习活动	教师活动	学习内容	资源	评价点	学时	地点
学习活动2：转向助力油及管路的检查与更换	1. 根据工作页指引收集资讯，完成转向助力油及管路的检查与更换的认知 2. 观看转向助力油及管路的检查与更换视频 3. 分组梳理转向助力油及管路的检查与更换步骤 4. 被抽中的学生表述转向助力油及管路的检查与更换步骤 5. 记录教师的点评内容和教师讲解的转向助力油及管路的检查与更换的安全注意事项 6. 分组在实车上进行转向助力油及管路的检查与更换实操 7. 填写工作页，完成学习过程评价	1. 组织学生根据工作页指引收集资讯，完成转向助力油及管路的检查与更换的认知 2. 组织学生观看转向助力油及管路的检查与更换视频 3. 组织学生分组梳理转向助力油及管路的检查与更换步骤 4. 抽取学生表述转向助力油及管路的检查与更换步骤 5. 点评学生的表述内容，并讲解转向助力油及管路的检查与更换的安全注意事项 6. 组织学生分组在实车上进行转向助力油及管路的检查与更换实操 7. 组织学生填写工作页并完成学习过程评价	1. 转向助力油的认识 2. 转向助力油的检查 3. 转向助力油的更换 4. 转向系统管路泄漏的检查	1. 工作页 2. 任务书 3. 维修工单 4. 电子课件 5. 参考教材 6. 汽车防护用品 7. 实训车辆 8. 多媒体设备、能上网的电脑	1. 6S管理与安全生产 2. 转向助力油及管路的检查与更换能力 3. 表达能力 4. 小组活动 5. 维修工单 6. 工作页	2	一体化教室

续表

教学活动	学生学习活动	教师活动	学习内容	资源	评价点	学时	地点
学习活动3：转向助力泵的拆装与检查	1．根据工作页指引收集资讯，完成转向助力泵的作用、组成、类型的认知 2．观看叶片式转向泵的拆装与零部件检查视频 3．分组梳理叶片式转向泵的拆装步骤和零部件的检查步骤 4．被抽中的学生表述叶片式转向泵的拆检步骤 5．记录教师的点评内容和教师讲解的叶片式转向泵拆装的安全注意事项 6．分组分解叶片式转向泵 7．分组检查叶片式转向泵零部件 8．分组装复叶片式转向泵 9．记录教师讲解的叶片式转向泵常见故障现象与原因 10．填写工作页，完成学习过程评价	1．组织学生根据工作页指引收集资讯，完成转向助力泵的作用、组成、类型的认知 2．组织学生观看叶片式转向泵的拆装与零部件检查视频 3．组织学生分组梳理叶片式转向泵的拆装步骤和零部件的检查步骤 4．抽取学生表述叶片式转向泵的拆检步骤 5．点评学生的表述内容，讲解叶片式转向泵拆装的安全注意事项 6．组织学生分组分解叶片式转向泵 7．组织学生分组检查叶片式转向泵零部件 8．组织学生分组装复叶片式转向泵 9．讲解叶片式转向泵常见故障现象及其产生原因 10．组织学生填写工作页并完成学习过程评价	1．转向泵的作用 2．转向泵的类型 3．叶片式转向泵的拆装 4．叶片式转向泵的分解与检查 5．叶片式转向泵拆检过程中的常见问题 6．叶片式转向泵常见故障现象及其产生原因	1．工作页 2．任务书 3．维修工单 4．电子课件 5．参考教材 6．实训维修工具 7．汽车防护用品 8．实训车辆 9．叶片式转向泵 10．多媒体设备、能上网的电脑	1．6S管理与安全生产 2．叶片式转向泵的拆装能力 3．叶片式转向泵零部件的检查能力 4．表达能力 5．小组活动 6．维修工单 7．工作页	2	一体化教室

续表

教学活动	学生学习活动	教师活动	学习内容	资源	评价点	学时	地点
学习活动4：转向器的检查与更换	1．根据工作页指引收集资讯，完成转向器的组成与结构的认知 2．观看齿轮齿条式汽车转向器拆装与零部件检查视频 3．分组梳理齿轮齿条式汽车转向器拆装与零部件的检查步骤 4．被抽中的学生表述齿轮齿条式汽车转向器拆装与零部件检查步骤 5．记录教师的点评内容和教师讲解的齿轮齿条式汽车转向器的拆装与零部件检查的安全注意事项 6．分组拆解并检查齿轮齿条式汽车转向器零部件并填写工作页 7．分组装复齿轮齿条式汽车转向器零部件并填写工作页 8．认真观看教师的演示操作，记录要点 9．记录教师讲解的齿轮齿条式汽车转向器常见故障现象与原因 10．填写工作页，完成学习过程评价	1．组织学生根据工作页指引收集资讯，完成转向器的组成与结构的认知 2．组织学生观看齿轮齿条式汽车转向器拆装与零部件检查视频 3．组织学生分组梳理齿轮齿条式汽车转向器拆装与零部件的检查步骤 4．抽取学生表述齿轮齿条式汽车转向器拆装与零部件检查步骤 5．点评学生的表述内容，并讲解齿轮齿条式汽车转向器拆装与零部件检查的安全注意事项 6．组织学生分组拆解并检查齿轮齿条式汽车转向器零部件 7．组织学生分组装复齿轮齿条式汽车转向器零部件 8．巡回指导学生实操，必要时演示操作 9．讲解齿轮齿条式汽车转向器常见故障现象与原因 10．组织学生填写工作页并完成学习过程评价	1．齿轮齿条式转向器的结构与特点 2．液压分配阀的作用与工作原理 3．齿轮齿条式转向器的拆装 4．齿轮齿条式转向器的检修 5．齿轮齿条式转向器常见故障原因分析	1．工作页 2．任务书 3．维修工单 4．电子课件 5．参考教材 6．实训维修工具 7．汽车防护用品 8．实训车辆 9．液压辅助转向教学台架（齿轮齿条式） 10．多媒体设备、能上网的电脑	1．6S管理与安全生产 2．齿轮齿条式转向器的拆装能力 3．齿轮齿条式转向器零部件的检查能力 4．表达能力 5．小组活动 6．维修工单 7．工作页	2	一体化教室

续表

教学活动	学生学习活动	教师活动	学习内容	资源	评价点	学时	地点
学习活动5：转向助力电动机及控制线路的检修	1．根据工作页指引收集资讯，完成转向助力电动机的组成与结构的认知 2．观看转向助力电动机及控制线路检修视频 3．分组梳理转向助力电动机及控制线路的检修步骤 4．被抽中的学生表述转向助力电动机及控制线路的检修步骤 5．记录教师的点评内容和教师讲解的转向助力电动机及控制线路检修的安全注意事项 6．分组拆检转向助力电动机及零部件 7．分组检修电子辅助转向系统控制线路并填写工作页 8．认真观看教师的演示操作，记录要点 9．记录教师讲解的转向助力电动机及控制线路常见故障现象与原因 10．填写工作页，完成学习过程评价	1．组织学生根据工作页指引收集资讯，完成转向助力电动机的认知 2．组织学生观看转向助力电动机及控制线路视频 3．组织学生分组梳理转向助力电动机及控制线路的检修步骤 4．抽取学生表述转向助力电动机及控制线路的检修步骤 5．点评学生的表述内容，并讲解转向助力电动机及控制线路检修的安全注意事项 6．组织学生分组拆检转向助力电动机及零部件 7．组织学生分组检修电子辅助转向系统控制线路 8．巡回指导学生实操，必要时演示操作 9．讲解转向助力电动机及控制线路常见故障现象与原因 10．组织学生填写工作页并完成学习过程评价	1．电子辅助转向系统的认识 2．电子辅助转向系统零部件的安装位置 3．转向助力电动机的拆装 4．转向助力电动机零部件的检查 5．转向助力电动机控制线路的检修 6．转向助力电动机及控制线路常见故障原因分析	1．工作页 2．任务书 3．维修工单 4．电子课件 5．参考教材 6．实训维修工具 7．汽车防护用品 8．实训车辆 9．液压辅助转向教学台架（齿轮齿条式） 10．多媒体设备、能上网的电脑	1．6S管理与安全生产 2．转向助力电动机的拆装能力 3．转向助力电动机零部件的检查能力 4．表达能力 5．小组活动 6．维修工单 7．工作页	6	一体化教室
学习活动6：工作总结与评价	1．总结汽车转向沉重故障检修经验，现场展示学习成果 2．记录教师的点评内容 3．填写工作页，完成学习综合评价	1．组织和指导学生总结汽车转向沉重故障检修经验 2．根据各组学生的学习环节表现进行综合评价 3．组织学生填写工作页并完成学习综合评价	1．工作总结与成果汇报方法 2．综合评价方法	工作页	1．经验总结能力 2．表达能力 3．工作页	4	一体化教室